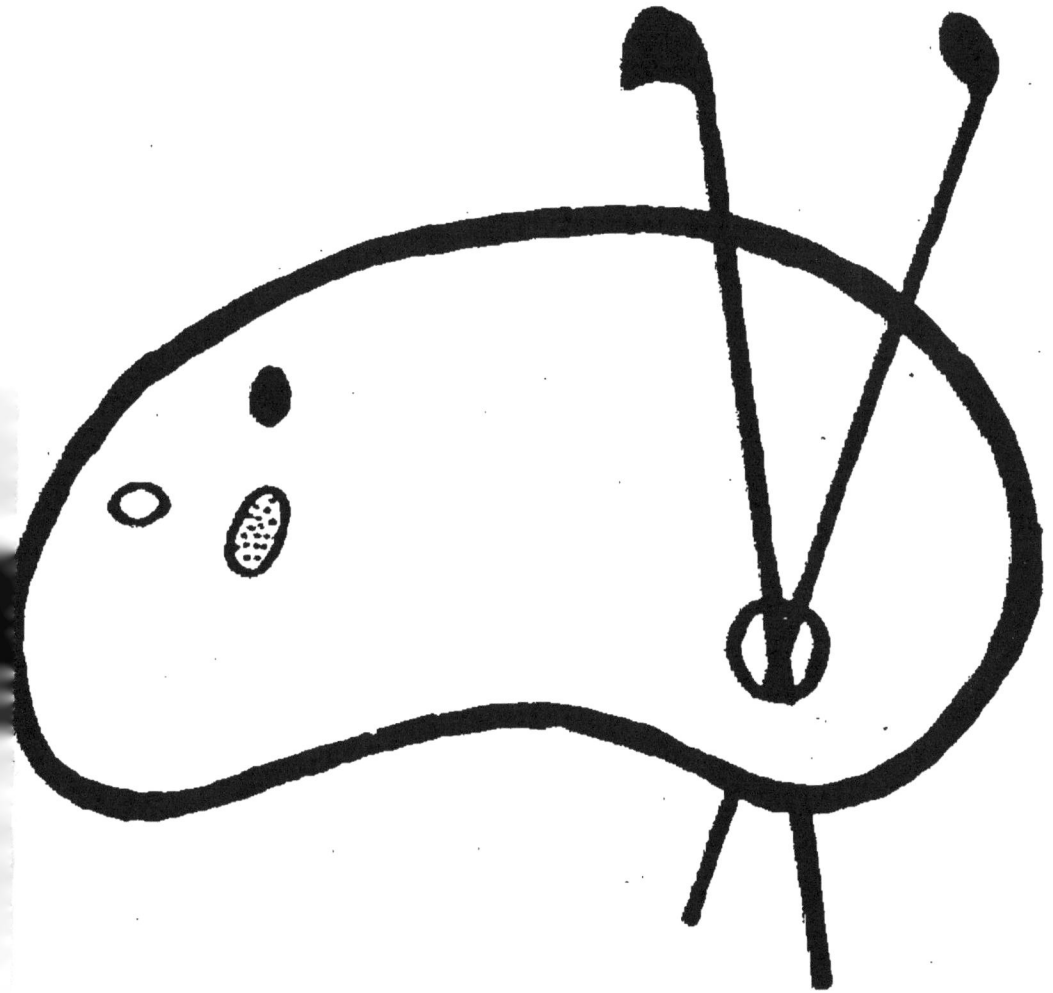

DEBUT D'UNE SERIE DE DOCUMENTS EN COULEUR

CHRONIQUE

DU

FROID EN NORMANDIE

ET DANS LE NORD DE LA FRANCE

Du Ier au XVIIIe Siècle

Par l'Abbé SAUVAGE

ROUEN

DE L'IMPRIMERIE CAGNIARD

—

1892

C'EST LE FONDS QVI MANQVE LE MOINS

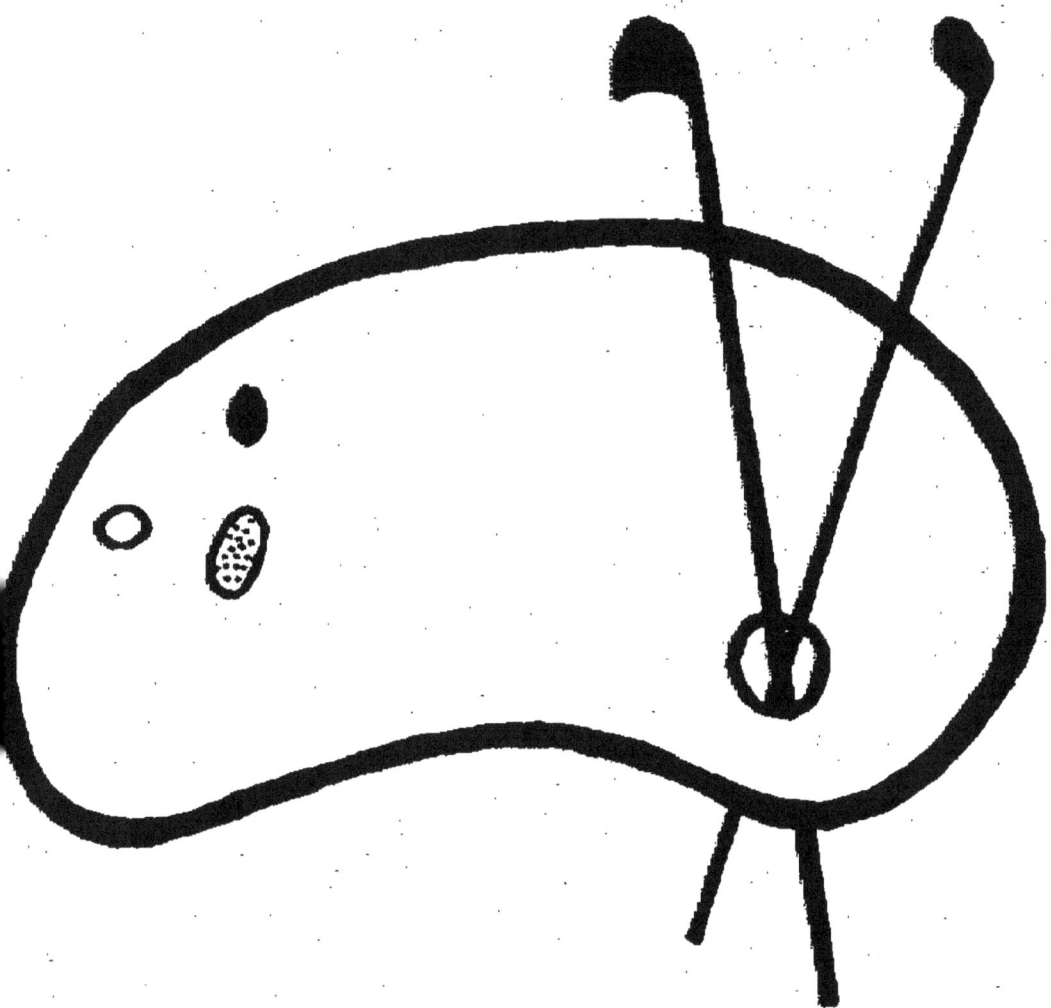

FIN D'UNE SERIE DE DOCUMENTS
EN COULEUR

CHRONIQUE DU FROID

EN NORMANDIE ET DANS LE NORD DE LA FRANCE

DU Ier AU XVIIIe SIÈCLE

CHRONIQUE

DU

FROID EN NORMANDIE

ET DANS LE NORD DE LA FRANCE

Du Ier au XVIIIe Siècle

Par l'Abbé SAUVAGE

ROUEN

DE L'IMPRIMERIE CAGNIARD

—

1892

CHRONIQUE DU FROID

EN NORMANDIE ET DANS LE NORD DE LA FRANCE

DU Ier AU XVIIIe SIÈCLE

Le plus ancien auteur que nous sachions avoir parlé du climat de la France, c'est le satyrique Pétrone, mort l'an 66 de notre ère ; encore se borne-t-il à une simple allusion.

Parlant d'une surprise qui lui coupa la parole, il use de cette expression, proverbiale chez les Romains, au dire de ses commentateurs : « Pour moi, devenu tout à coup plus froid qu'un hiver Gaulois, je ne pus faire entendre un mot : *Ego autem, frigidior hyeme Gallica factus, nullum potui verbum emittere* (1). »

La plupart des érudits qui ont pâli sur le *Satyricon* ont pensé que, dans ce passage, il s'agissait des hivers de la Gaule septentrionale (2); telle est notamment l'opinion de notre compatriote, le savant humaniste Turnèbe (3). Cependant Gilbert Parent, cité par Georges

---

(1) Petron. Arbitr. *Satyricon*, édit. Variorum (Lyon, 1615, in-12), p. 53.
(2) *Ibid.*, pp. 291, 378, 630, 719 et 684.
(3) *Ibid.*, p. 430.

Erhard dans ses *Symboles* (1), pense qu'il est fait allusion à la Suisse et nous sommes fortement tenté de nous ranger à son avis, en présence de la description que Pline, le naturaliste, mort en 79, fait des rudes hivers de la Gaule cisalpine.

« Au pied des Alpes, écrit-il, *circa Alpes*, on enferme le vin dans des vases de bois consolidés par des cerceaux ; et, lorsque l'hiver est froid, il faut opposer le feu aux rigueurs de la gelée : *Vina circa Alpes ligneis vasis condunt, circulisque cingunt, atque etiam hieme gelidâ ignibus rigorem arcent* (2). »

Il n'est pas étonnant que l'emploi des tonneaux, qui ressemblaient si peu aux outres et aux amphores en usage chez les Romains, ait attiré l'attention du célèbre observateur ; mais la dureté des hivers cisalpins lui réservait d'autres surprises : « Chose merveilleuse à raconter ! s'écrie-t-il, mais chose qu'on a vue ! parfois le liquide rompt les vases et se change en masses glacées qui semblent tenir du prodige : *Mirum dictu ! sed aliquando visum : ruptis vasis, stetere glaciatæ moles, prodigii modo* (3). » Virgile (4) et Ovide (5),

---

(1) Petron. Arbitr. *Satyricon*, etc., p. 784.

(2) Plin. Secund. *Histor. natur.*, lib. XIV, cap. 21. — Edit. Dalechamps, de Caen (Genève, 1631, in-fol.), p. 292.

Aristote a signalé les mêmes usages en Arcadie.

(3) Plin., *ibid.*

(4) *Cæduntque securibus humida vina*

Virg. *Georg.* lib. III, vers 364.

(5) *Nudaque consistunt formam servantia testa*

Vina, nec hausta meri, sed data frusta bibunt.

Ovid. *Trist. lib.* III, eleg. X, vers 23-24 ; Tertullien s'exprime comme Virgile : *Potum securi faciunt*, dit-il des habitants.

'eux aussi, parlent de vins que l'on coupe à la hache.

Faisons remarquer, en passant, que, quand bien même notre auteur n'eut pas indiqué clairement qu'il parle des régions alpestres, il le faudrait conclure de ce détail : qu'il parle de *vins* gelés. Au temps de Pline, la seule boisson des Belges était une sorte de bière fabriquée avec de l'orge et que l'on nommait *Zythus* (ζυθος) ; le cidre normand lui-même, manquait alors à nos ancêtres.

C'est Diodore de Sicile qui nous fournit ces détails (1) ; et c'est encore à lui que nous devons les premières notions précises sur le climat de la Gaule-Belgique qui soient parvenues jusqu'à nous. Contemporain de Pétrone et de Pline, il semble avoir été mieux instruit qu'eux en ce qui nous concerne : l'exactitude de ses informations et des descriptions qu'il fournit prouvent un bon observateur, ou un homme bien informé.

Lorsque Diodore de Sicile parle des *Gaules* et des *Gaulois*, fait justement observer dom Bouquet, l'un de ses annotateurs, c'est toujours de notre région septentrionale qu'il parle, car il n'emploie jamais, pour désigner la partie du pays située au midi de la Seine, d'autre expression que celle de *Celtique* (2). C'est donc bien à notre province et aux provinces qui l'entourent que s'applique la description que Diodore nous a laissée des rigueurs d'un hiver gaulois :

(1) Diodor. Sicul. *De Gallis*, lib. V ; dans le *Recueil des Historiens des Gaules*, tom. 1, p. 304.

(2) *Ibid.*, p. 303.

« Comme la plus grande partie de ce pays, dit-il, est exposée aux vents du Nord, elle est souvent sujette à de grands froids et à de rudes gelées. Lorsque, en hiver, le ciel est nuageux, au lieu de pluies, ce sont des neiges qui tombent et couvrent le sol ; quand l'air est pur, il s'emplit tellement de glace et d'humidité condensée, que les fleuves, durcis par le froid, se changent en ponts naturels qui portent, non seulement les voyageurs isolés ou marchant par petites troupes, mais de nombreux bataillons, avec tout leur bagage et de pesants chariots ; la traversée est effectuée par eux sans qu'ils courent aucun péril. »

Un peu plus haut, nous rencontrons ce détail caractéristique : « Quand le poli naturel de la glace offre, au pied des passants, une surface trop glissante, on jette dessus de la paille pour rendre la marche plus ferme : *Cum vero glacies, naturali suo lœvore, gressum transeuntibus lubricum efficiat, paleas superinjiciunt ut firmiori gressu procedant* (1). »

S'il fallait prendre à la lettre le texte de Diodore, qui ne paraît avoir voulu dépeindre que les effets ordinaires de l'hiver dans la portion des Gaules qu'il décrit, on serait tenté d'en conclure que, de son temps, la froide saison sévissait sur notre sol plus rigoureusement qu'aujourd'hui ; ou que le siècle où il vécut, qui fut le premier de notre ère (2), fut un de ces siècles glacés dont nous trouverons des exemples dans la suite de ce tra-

_____

(1) *Rec. des Histor.*, *ibid.*, 303-304.

(2) *La Bibliothèque historique*, de Diodore, s'arrête en l'an 60 de J.-C.

vail ; mais on peut supposer aussi que l'illustre géographe, ému par les récits de quelques navigateurs ayant hiverné dans le Nord par une saison exceptionnellement froide, a généralisé les faits, en étendant, d'une part à toutes les années, de l'autre à toute la Gaule, ce que son diseur avait vu, par aventure, une fois, non sur les bords de la Seine, mais sur ceux de l'Escaut ou du Rhin.

Nous allons constater d'ailleurs un peu plus loin que, dans ces temps reculés, comme de nos jours, les hivers rigoureux étaient exceptionnels dans le bassin de la Seine.

Il ne faudrait pas en conclure que les habitants du pays n'eussent pas à se prémunir contre les morsures du froid ; pour s'en garantir, ils usaient de vêtements d'une coupe particulière et d'une étoffe moins brillante que chaude. Ces vêtements d'hiver étaient connus à Rome sous le nom grec d'*Endromides*, et Martial, dans ses *Epigrammes*, rend aux femmes gauloises, qui les confectionnaient, ce témoignage : que leur travail, malgré sa grossière apparence, n'était pas à dédaigner dans les froides journées de décembre : *Sordida, sed gelido non aspernanda decembri* (1).

La citation de Martial nous amène tout au plus à la fin du premier siècle, puisque ce poëte mourut en l'an 103 ; il nous faudra franchir un long espace de plus de deux

---

(1) Valer. Martial. *Epigramm.* lib. IV, Epigr. 19. — L'endromides n'aurait-elle pas quelque lien de parenté avec le vêtement, si conforme à la description de Martial, que nos messagers appellent vulgairement une *limousine ?*

cent cinquante ans avant de rencontrer un document nouveau ; nous le trouvons sous la plume du fameux César Julien, si tristement surnommé par l'Histoire. Voici comment, dans son *Misopogon*, il parle des grands froids de l'année 358 :

« J'étais alors à hiverner dans ma chère Lutèce, nom donné par les Gaulois à l'humble capitale des Parisii *(Parisiorum oppidulum)*. C'est une île de peu d'étendue, située au milieu d'un fleuve qui l'entoure de tous côtés ; des ponts de bois permettent d'accéder aux deux rives. Rarement le fleuve enfle ses eaux, rarement son niveau s'abaisse ; mais tel il est en été, tel ordinairement il demeure en hiver. L'eau qu'il fournit est des plus agréables et son aspect limpide, qui séduit l'œil du voyageur, semble l'inviter à boire ; en leur qualité d'insulaires, les Lutéciens y puisent nécessairement presque toute l'eau qu'exigent leurs besoins.

« Dans ces régions l'hiver est d'une grande douceur, à cause, dit-on, de la chaleur de l'Océan, éloigné seulement de quatre-vingt-dix stades ; l'eau de mer, en effet, paraît plus chaude que l'eau douce. Pour ce motif, ou pour un autre dont je n'ai point connaissance, il est certain que l'hiver est plus doux en ce pays : aussi d'excellentes vignes y croissent-elles, ainsi que de nombreux figuiers, que les habitants élèvent avec beaucoup d'industrie, les recouvrant l'hiver de glu de blé, comme d'une sorte de vêtement, pour les soustraire aux injures de l'air (1). »

(1) Juliani Cæsar. *Misopogon* (Leipsick, 1696), p. 340.

Arrêtons-nous un instant sur ce curieux passage. N'est-il pas singulier de voir l'influence du *Gulf-Stream* constatée par les Anciens, bien qu'ils n'en pussent déterminer la cause? Et la présence, autour de Paris, de ces vignes qu'un gosier méridional n'hésite pas à trouver excellentes? Et la culture en pleine terre du figuier? Et cet usage d'empailler pour l'hiver les arbustes délicats, absolument comme aujourd'hui nous le faisons encore après seize cents ans passés? Mais poursuivons la citation:

« L'hiver était alors plus dur que de coutume, et le fleuve charriait comme des plaques de marbre. Vous connaissez la pierre phrygienne? C'est à elle que ressemblaient ces plaques endurcies qu'on eût prises pour de grandes pierres blanches tombant les unes sur les autres. Elles ne tardèrent pas à joindre ensemble les deux rives du fleuve, en y formant comme un pont. Moi, qui étais alors plus dur au froid et (qu'on me passe l'expression) plus rustique que jamais, je ne voulais point permettre que l'on chauffât la chambre où je prenais mon repos, bien que, comme dans la plupart des maisons de la cité, qui toutes ont des cheminées, cette chambre fut disposée pour y faire au besoin du feu. Le motif de mon refus n'était autre que ma dureté, ou, pour mieux dire, mon inhumanité envers ma personne, que je voulais accoutumer à supporter cet air glacial. Même alors que l'hiver fut dans toute sa rigueur, et chaque jour il devenait plus rude, je ne voulus point permettre à mes serviteurs de chauffer la demeure que j'habitais; mais, pour chasser l'humidité qui en pénétrait les murs, j'ordonnai qu'on y apportât un foyer tout embrasé et quelques charbons ardents. Il n'y avait guère de feu : cependant il fit sortir des murs une vapeur si abondante que ma tête en fut accablée et que la torpeur me saisit. J'eus vraiment peur d'être asphyxié ; mais, entraîné hors de la chambre par ordre du médecin, je m'efforçai de rejeter la nourriture que j'avais prise. Je n'en rejetai pas beaucoup, et d'ailleurs j'en avais pris peu ; je me sentis toutefois si soulagé qu'après une nuit assez courte, je me trouvai le lendemain en état de vaquer à toutes mes affaires (1). »

Ainsi l'hiver de 358 faillit arrêter Julien dès les débuts de sa carrière ; et quelques minutes de plus dans cette chambre imprudemment chauffée auraient changé les destinées du monde.

L'aventure du jeune César fut bientôt connue de tout Rome, où les frileux habitués des bains chauds durent frissonner à la seule pensée de son vaniteux stoïcisme ; aussi sommes-nous en droit de soupçonner que c'est de lui que parle Eunapius, son médecin et son flatteur aussi bien que son complice, en un fragment cité par Jean de Woweren dans ses remarques sur le *Satyricon* (2), où il est question d'un homme qui, « même en marchand pieds nus, trouvait une volupté suprême dans les hivers de la Gaule : Ἀνυπόδητος τρυφῆς περιουσίαν ἐτίθετο τοὺς Γαλατικοὺς χειμῶνας. » La plupart des commentateurs sont cependant plutôt d'avis que

(1) Julian., loc. cit.
(2) Joannis à Woweren, *In Petron. animadvers.* ad calcem *Satiricon*, édit. cit. p. 630.

cette phrase s'applique à certain philosophe, nommé Proérésius, qui, couvert d'un mince manteau, se complaisait à boire de l'eau du Rhin alors que celui-ci était presque glacé, ce qui étonnait grandement les épicuriens de l'époque (1).

L'hiver de 366 ne dût guère être plus doux que celui de 358. Les Allemands en profitèrent pour se jeter sur le Nord de la Gaule.

Ammien Marcellin raconte qu'ils se mirent en campagne sitôt après les calendes de janvier; « alors que par suite des gelées le dur hiver sévissait dans toute son horreur : *Statimque post kalend. Januarii, quum per glaciales tractus hiemis rigidum inhorresceret sidus* (2). »

Malgré l'âpreté de la température, les Romains durent concentrer toutes leurs forces pour faire face à l'invasion. Une bataille des plus sanglantes fut livrée près de Châlons et dura jusqu'à la nuit; le jour naissant éclaira un spectacle épouvantable : les vainqueurs reposés, formés en bataillon carré, traversaient la plaine glacée, foulant aux pieds six mille morts et quatre mille blessés couchés sur la neige sanglante, après avoir subi durant la nuit entière les âpres morsures du froid, rendu pour eux plus cruel par la perte de leur sang (3).

S'il faut en croire Paul Orose et la *Chronique Hié-*

---

(1) Cette remarque est due à M. l'abbé Tougard, qui renvoie à Euna-pius, édit. Didot, p. 492, liv. 15.

(2) *Ammian. Marcellin. Rerum gestarum*, lib. **XXVII**, dans *Histor. Roman. scriptores*, tom. II, p. 516 E.

(3) *Ibid.*, p. 517 E.

ronymienne, nos voisins de Picardie auraient été témoins l'année suivante, 367, d'un prodige bien singulier ; « de véritable laine, mêlée de pluie, serait tombée du ciel sur la ville d'Arras : *Apud Atrebates vera lana de nubibus pluviæ mixta defluxit* (1). » Il est difficile d'admettre que les Atrébates aient pris dela neige pour de la laine (2).

Les chroniqueurs du cinquième siècle n'ont conservé le souvenir que d'un seul hiver remarquable, celui de 432, durant lequel, d'après Prosper de Tyron, l'âpreté d'un froid excessif fit périr beaucoup de monde (3).

Le sixième siècle est un peu plus fécond en documents de ce genre, les historiens y ont noté plusieurs hivers remarquables.

« En 547, raconte le *Chroniqueur de Saint-Denys* (23) traduisant Aymoin de Fleury (4), aparut au ciel un signe merveilleus ; car une étoile vint si rudement parmi le firmament qu'elle se féri (heurta) au cours de la lune. En cele année porta rézinz (raisins) une manière d'arbre qui est appelé *Sambucus* (5) et les fleurs des

---

(1) P. Oros. *Histor.* lib. VII, cap. 32, dans le *Rec. des Histor. des Gaules*, tom. I, p. 597 G.; *Hieronym. Chronic.*, ad ann. 637, *ibid.* p. 611 B.

(2) Jusqu'à la fin du XVIIIe siècle, on conserva à la cathédrale d'Arras, dans un précieux reliquaire, une portion de cette substance mystérieuse, qu'on appelait *la sainte manne*, à cause de la fécondit´ qu'elle avait apportée à la terre.

(3) Prosper. Tyronens, *Chronic.* in Valentin. an. 9 ; *ibid.* p. 639 A.

(4) Aymon. Floriacen. *De Gestis Francorum*, lib. II, *ibid.* tom. III, p. 60.

(5) C'est le nom latin du *sureau*, dont les fruits sont ordinairement groupés en *ombelles*.

arbres qui souloient [avaient coutume, *solebant*] porter noirs grains firent grappes. En ce tens fu si grand froidure que les yaues [eaux] portoient les gens. Li oisel [oiseaux] furent si destroit [affaiblis] de faim et de froidure qu'on les prenoit sur la noif [sur la neige] aus mains sanz nul engin (1). »

Grégoire de Tours, qui note ici un grand hiver (2), assure que les torrents eux-mêmes étaient enchaînés par la glace. Il attribue à l'abondance des neiges la capture des pauvres oiseaux qui mouraient de froid et de faim.

Sigebert ajoute que les fauves se laissaient prendre à la main : *ut volucres et fere indomitæ manu capi possent* (3), mais il rapporte ces faits à l'année 555. Telle est du moins la date que nous fournit la précieuse continuation de la *Chronique de Mortemer,* dont l'unique manuscrit, après être passé de l'abbaye normande dans la bibliothèque de Colbert et dans celle du Roi, est actuellement conservé à la Bibliothèque Nationale de Paris (4).

Un grand nombre d'animaux auraient également péri durant l'hiver de 566, au témoignage de Marius d'Avenches, qui ajoute que la neige couvrit la terre cinq mois et plus (5).

(1) *Chroniques de Saint-Denis,* lib. II ; dans le *Recueil des Histor.,* tom. III, p. 196 D.

(2) Gregor. Turonens. *Histor. Francor.,* lib. III, § 27 ; ibid., tom. III., p. 203 B.

(3) Sigebert. Gemblacens. *Chronic.; ibid.,* tom. III, p. 339 B.

(4) Biblioth. Nat. de Paris, ms. lat. 4863, fol. 61.

(5) Marii Episc. *Chronicon.* dans le *Rec. des Histor.,* tom. III., p. 17 E.

En 587, le printemps fut fort pluvieux ; les arbres et les vignes se couvrirent cependant de fleurs, mais à peine furent-elles épanouies qu'une neige abondante tomba dessus et les recouvrit toutes. Après la neige vint la gelée, qui brûla complètement les vignes. Ce froid tardif fut si violent, et surtout si inopiné, qu'il surprit les hirondelles et les oiseaux de passage, dont un grand nombre en furent victimes.

Grégoire de Tours fit cette remarque, que partout où d'ordinaire ne sévissait pas la gelée, elle causa en cette occasion de véritables désastres, tandis qu'elle ne fit aucun mal dans des endroits où ses ravages se faisaient habituellement sentir avec plus de rigueur (1).

L'année 589 n'offrit pas moins de singularités. « Le jour de Pâques closes, raconte le même auteur, une grêle mêlée de pluie tomba si abondamment qu'en moins de deux ou trois heures les plus humbles vallons se changèrent en fleuves (2). » C'était le 17 avril, car Pâques, cette année là, tombait le 10 du même mois, et la Pâques se closait le dimanche de Quasimodo, auquel on appliqua le nom de *Pâques closes* jusque dans le siècle dernier.

Un accident aussi tardif semblait devoir ruiner toute espérance, et pourtant les craintes conçues ne se réali-

Avenches était un évêché de la province de Besançon, qui fut transféré à Lausanne, en 598 ; aussi Marius d'Avenches est-il parfois nommé Marius de Lausanne.

(1) Gregor. Turon. *Histor. Francor.*, lib. IX, p. 171 ; *Rec. des Hist.*, tom. III, p. 342 A.

(2) *Ibid.* lib. IX, § 44 ; p. 361.

sèrent pas; car la température fut ensuite si douce que l'on vit à l'automne les arbres refleurir et donner une seconde récolte. On vit des roses s'épanouir en novembre, (et non pas seulement en septembre, comme ont écrit quelques auteurs trompés par l'expression *mense nono*, employée par le chroniqueur pour qui l'an commençait à Pâques). Mais aussi on vit se produire des inondations insolites : « L'eau s'éleva à des hauteurs qu'elle n'avait jamais atteintes, et beaucoup de localités en souffrirent de grands dommages (1). » Quelles furent ces localités ? Dans quelles régions fut-on victime de ces troubles climatériques ? C'est sur quoi se tait notre auteur; aussi n'osons-nous affirmer qu'ils sévirent dans nos contrées. Nous les notons cependant, par ce qu'en se servant de termes généraux l'historien donne à penser que toute la France les éprouva.

Aymoin et son traducteur, qui relatent les mêmes détails, les ont groupés différemment. C'est au mois de septembre de l'année 580 qu'ils ont attribué la reflorescence des arbres, réservant à l'automne de 589 le débordement des fleuves, principalement en Italie et dans le bassin du Tibre (2). Les divergences, les confusions sont par malheur assez fréquentes chez les chroniqueurs de tout âge, et il n'est pas toujours aisé d'établir entre eux un accord. La comparaison attentive de textes bien révisés sur les plus anciens exemplaires per-

(1) *Ibid.*
(2) *Recueil des Histor. des Gaules*, tom. III, pp. 22 E., 226 E., 103, 253.

mettra seule d'en établir l'autorité relative ; c'est un travail que la critique moderne poursuit avec activité, mais dont le terme sera long à atteindre.

L'auteur des *Gestes des Lombards*, Paul Diacre, en parlant de l'hiver de 593, avance qu'il fut si dur que *nul ne se souvenait d'en avoir vu de semblable* (1). Faut-il croire que réellement cet hiver fut plus rigoureux que ceux de 547, de 555 et de 566 ? Ceux-ci étaient-ils oubliés ? ou l'auteur use-t-il d'un cliché que nous rencontrerons souvent dans la suite de ce récit ? Nous ne pouvons préciser davantage, en l'absence d'autre témoin : mais le silence des écrivains français nous permet de conjecturer que, si l'hiver de Paul Diacre fut vraiment exceptionnel, il ne le fut que pour la Lombardie.

Le septième siècle est pauvre en souvenirs. Hermann Contract parle, il est vrai, de l'hiver de 603, qui fut assez violent pour faire périr une partie des vignes (2) ; mais Hermann résidait en Souabe, à Reichenau, ce qui nous entraîne hors de France.

Les bouches de la Tamise se rapprochent davantage de celles de la Seine ; or, feu M. l'abbé Decorde, dans un article publié en 1867 (3) sur *les hivers rigoureux*, assure que la Tamise, en 695, fut gelée si profondément qu'on y construisit des cabanes qui furent habitées six semaines. Nous regrettons que cet auteur ne cite pas ses

---

(1) Paul. Diac. *De gestis Longobardorum*, lib. IV ; *ibid.*, p. 637 D.

(2) Hermann Contract. *De sex ætatibus mundi ; ibid.*, p. 325.

(3) *Magasin Normand*, IVᵉ année (1867), p. 154.

antorités ; n'ayant trouvé nulle part ailleurs trace de ce froid remarquable, nous ne pouvons que renvoyer à notre défunt confrère l'honneur de la citation (1) et sa responsabilité.

C'est de même sans références que M. Nicétas Périaux, dans son *Histoire sommaire et chronologique de la ville de Rouen* (2), parle du grand hiver de 752, dont les auteurs anciens de notre connaissance ne font aucune mention. Le savant imprimeur ne se trompe que d'un chiffre, s'il faut, comme nous le soupçonnons, lire 762 au lieu de 752; et encore peut-il s'excuser par le vague et l'incertitude que laisse planer, sur la date précise des événements qu'elle raconte, la vieille *Chronique Rouennaise manuscrite*, qui fait suite aux fameuses *Chroniques de Normandie* de Guillaume le Talleur, dans le précieux exemplaire de la Bibliothèque municipale de Rouen.

Parlant du célèbre Robert le Diable, fils du fabuleux duc Aubert, dont il fait un contemporain de Pépin le Bref (752 à 768), le chroniqueur s'exprime ainsi :

« En son temps [fut] execrable gelée depuis le premier jor d'octobre jusques en febvrier. La mer fut gelée et dure comme pierre, l'espace de cent milliaires [cent mille marins, c'est-à-dire vingt-cinq lieues], ayant trente couldées d'espés. La neige couvrait la glace de

---

(1) Il l'aura prise, sans doute, dans l'*Essai chronologique sur les hivers les plus rigoureux depuis 396 ans avant J.-C.*, ouvrage rarissime de Gabriel Drignot, auquel il nous a été impossible de recourir.

(2) Page 14.

vingt couldées, et sembloit que les étoiles dussent choir du ciel (1). »

C'est à l'an 762 que les *Annales* inédites *de l'abbaye de Saint-Wandrille* attribuent cette grande gelée, qui commença à se faire sentir le premier jour d'octobre et dura jusqu'en février. L'écrivain monastique ajoute que les étoiles elles-mêmes semblaient tomber soudain du ciel, et que chacun fut persuadé qu'on touchait à la fin du monde : « *Gelu magnum kl. octobris usque ad februarium. Stelle vise de cœlo subito cecidisse. Ita omnes existimarunt ut putarent finem mundi imminere* (2). » La *Chronique de Moissac* ajoute que, non seulement la Gaule, mais l'Illyrie et la Thrace furent victimes de cette dépression, qui endommagea beaucoup d'arbres, les oliviers surtout et les figuiers ; les moissons périrent en germes, aussi la famine sévit-elle cruellement dans ces régions (3).

Les *Annales Rerum Francicarum* (4) et le célèbre Eginhard, ancien moine de Saint-Wandrille (5), disent à peu près les mêmes choses ; ce dernier, toutefois, les rapporte à l'année 763. C'est aussi la date fournie par les *Annales Rotomagenses*, transcrites par Jean Masselin au commencement du xvi° siècle (6) ; par les

(1) Biblioth. munic. de Rouen, op. cit.

(2) Biblioth. Nat. de Paris, Ms. lat. 12780 (olim. Saint-Germain 580), fol. 99.

(3) *Chronic. Moissac.*, dans le *Rec. des Histor.*, tom. V, p. 69 A.

(4) *Ibid.*, p. 35 B.

(5) *Ibid.*, p. 199 B.

(6) Biblioth. Nat. de Paris, Ms. lat. 5659 (olim Bigot 416), fol. 30.

Annales Metenses (1); par une chronique anonyme
rédigée en 810, et publiée par Dom Bouquet sous le titre
sommaire de *Chronicon breve* (2); enfin par le *Breve
Chronicon Remense*, édité par le P. Labbe (3), que re-
produisent mot à mot les *Annales de Saint-Wandrille;*
par le *Religieux de Saint-Denis*, enfin, dans ses *Gestes
du Roi Pépin*, où il s'exprime en ces termes : « En
celle année (763) fu li yvers si apres, et si cruel, et si
fors, que on ne recordoit mie que nus eust oncques veu
si grant ni si cruel (4). » C'est la traduction mot pour
mot des *Annales* d'Eginhard.

Aucun des auteurs précédents ne fait allusion à l'hiver de l'année 764; c'est à elle cependant que ces rigueurs sont attribuées par beaucoup d'autres chroniques, telles que les *Annales Francici breves*, dites
aussi *Annales de Saint-Nazaire* (5); par les *Annales
Francorum*, de Dom Bouquet (6); par le *Breve chronique de Saint-Gall* (7); par celles d'Hermann Contract (8) et de Lambert d'Aschaffenbourg (9); par les
Annales Fuldenses (10). Mais les *Annales Francorum
Petaviani*, c'est-à-dire les annales franques signalées

---

(1) *Rec. des Histor. des Gaules*, tom. V, p. 338.
(2) *Ibid.*, p. 29 A.
(3) Labb. *Nova Bibliothec. Manuscript Libror.*, tom. 1, p. 359.
(4) *Rec. des Histor.*, tom. V, p. 222 E.
(5) *Ibid.*, p. 10 B.
(6) *Ibid.*, tom. V, p. 64, A.
(7) *Ibid.*, p. 359 B.
(8) *Ibid.*, p. 363 A.
(9) *Ibid.*, p. 367 B.
(10) *Ibid.*, p. 327 G.

par le P. Petau (1), et la *Très-brève chronique de
Saint-Gall* (2), qui précisent le commencement et la fin
de ce grand hiver, nous prouvent qu'il y a confusion
avec celui de 763. Ils sont en effet d'accord avec le
Breve Chronicon de 810, cité plus haut, lorsqu'ils
indiquent que le froid sévit du 14 décembre (*XVII Kal.
Januarii*) au 16 mars (*XVII Kal. aprilis*) : l'année com-
mençant pour les uns à Noël et pour les autres à Pâques,
qui, en 764, était tombé le 22 mars, on peut dire que la
confusion est plus apparente que réelle, et que l'hiver,
commencé l'année 762, finit en 763, d'après notre com-
put actuel.

On ne peut nier toutefois qu'il n'y ait inexactitude
dans la *Chronique de Vézelay* (3), qui, rejetant en 764
les chutes d'étoiles, attribuées par les *Annales de
Saint-Wandrille* à l'an 762 et par la *Chronique de
Reims* à l'an 763, repousse jusqu'en 765 les grandes
gelées indiquées pour l'année 762 par la *Chronique inédite Rouennaise* qui fait suite à Le Talleur. Elle aussi
parle de glaces épaisses de cinquante coudées, mais les
savants rédac... ars de la Table du *Recueil des Historiens des Gaules* insinuent très prudemment qu'il pour-
rait bien y avoir lieu de raccourcir *quinquaginta*, et de
lire simplement *quinque*.

Qu'on nous pardo...ne cette aride discussion et cet en-
tassement de titres et de dates, nécessaire pour expli-

---

(1) *Rec. des Histor.*, tom. V, p. 13 G.

(2) *Ibid.*, p. 30 E.

(3) Labb. *Nova Biblioth. Manuscript. libror.*, tom. I, p. 391.

quer à quelles difficultés se heurte l'historiographe qui veut être un peu précis. Nous nous hâtons d'arriver au siècle de Charlemagne.

L'hiver de 808, que les historiens qualifient de très mou, *mollissima* (1), fut suivi d'une épidémie qui régna sur toute l'Europe jusqu'en l'année 810; elle frappait les bœufs en même temps que les hommes, et en fit périr un grand nombre.

L'hiver de 810, qui fut au contraire très dur, *durissima* (2), et qui se prolongea jusqu'à la fin de mars 811, vint heureusement purifier l'air.

Une période de dix à onze ans, que nous rencontrerons souvent dans le cours de ce mémoire, ramène, en 821, une saison rigoureuse, dont nous trouvons la description dans les *Annales* d'Eginhard : « En plusieurs lieux les semences d'automne avaient été empêchées par la persistance des pluies. A cet automne humide succéda un hiver si prolongé et si âpre que, non seulement les cours d'eau et les rivières de moyenne grandeur, mais les fleuves même les plus fameux et les plus considérables, tels que le Rhin, le Danube, l'Elbe, la Seine, et beaucoup d'autres, tant de Gaule que de Germanie, furent enchaînés par une glace d'une extrême solidité. Pendant trente jours et plus, des chariots pesamment chargés les franchirent aussi sûrement qu'ils l'auraient pu faire sur des ponts. Mais aussi le dégel causa

(1) *Rec. des Histor.*, tom. V, pp. 57 B, 354 D, 255 A.
(2) *Ibid.*, p. 66.

de grands ravages, surtout dans les bourgades cons-
truites sur les rives du Rhin (1). »

Dans ses *Nouvelles Annales de Paris*, publiées en
1753, Dom Toussaint Du Plessis rapproche ce passage
d'Eginhard du *Livre des Miracles de Sainte-Gene-
viève*, écrit vers l'an 863, c'est-à-dire quarante ans à
peine après les événements ; on y lit qu'à cette époque
on ne pouvait visiter qu'en bateau les églises de Paris
voisines de la rivière (2). Mais le savant bénédictin est
indécis sur la date à laquelle il faut rattacher le récit
de l'hagiographe, et il n'ose choisir entre 834 et 821.
L'an 834, selon lui, aurait été marqué par un débordement, à propos duquel il renvoie aux *Annales
de Saint-Bertin*. Celles-ci racontent qu'en l'an 834
le débordement des fleuves gêna considérablement les
opérations militaires (3) : elles ne font, en cette année-
là, aucune allusion à l'hiver. Le texte d'Eginhard, au
contraire, dit clairement qu'une grande inondation fut,
en 821, la conséquence du dégel. Les événements fixés
par ces deux dates paraissent donc devoir être absolument distingués l'un de l'autre.

Un autre grand hiver s'intercale entre les deux ; c'est
celui de 824, durant lequel des neiges abondantes et
qui tombèrent longtemps occasionnèrent la mort d'un

---

(1) Eginhard. *Annales*, dans le *Rec. des Histor.*, tom. VI, p. 181 c. —
Cf. *Magasin Normand*, IVe année, p. 154.

(2) D. T. Du Plessis, *Nouvelles Annales de Paris*, pp. 135-136. —
Cf. Bolland. *Act. SS. Januar.*, tom. I, pp. 151.

(3) *Annales Bertiniani*, dans l'édition des *Scriptor. Rerum Germanic.
in usum scholarum* (Hannov. 1883, in-oct.), p. 8.

grand nombre d'animaux et même de beaucoup d'hommes (1), ce que confirment les *Annales de Fulda* (2).

L'atmosphère dut subir alors un singulier refroidissement, s'il est vrai, comme le racontent Hermann Contract (3), la *Chronique Saxonne* (4) et la *Brève Chronique de Reims* (5), qu'il tomba du ciel près d'Autun un bloc de glace de deux pieds d'épaisseur sur quinze de long et sept de large. Tous ces auteurs s'expriment en termes identiques, qui témoignent d'une source commune : leur triple témoignage n'a donc pas une triple valeur.

Nithard, neveu de Charlemagne, note pour sa longueur et sa rigueur excessives l'hiver de 843 ; il fut suivi pourtant de maladies nombreuses, et la température se montra peu propice tant aux fruits de la terre qu'aux abeilles et aux troupeaux (6). Une quantité de neige énorme tomba durant une éclipse de lune, dans la nuit du 17 mars (7).

Les *Annales de Saint-Bertin* signalent de grands contrastes entre les deux hivers suivants. Celui de 844 fut généralement « fort mou », malgré quelques varia-

---

(1) Eginhard. *Annales*, dans le *Rec. des Histor.*, tom. VI, p. 184 c.

(2) *Rec. des Histor.*, tom. VI, p. 208 D.

(3) *Ibid.*, tom. VII, p. 225 c et 240.

(4) *Ibid.*, p. 220.

(5) Labb. *Biblioth. Nova Manuscript. Libror.*, tom. I, p. 359.

(6) Nithard. *Histor.* lib. IV, dans le *Rec. des Histor.*, tom. VII, p. 32 E.

(7) *Ibid.*, p. 33.

tions survenues en février ; celui de 845 fut, au contraire, « d'une grande âpreté (1). »

En 846, un vent de bise règne pendant tout l'hiver, assurent les continuateurs du *Recueil des Historiens* (2) ; des loups parcourent et désolent surtout le Midi de la Gaule. En 849, nouvel hiver rigoureux : « Le jour de l'Epiphanie, jour du sacre de l'archevêque de Rouen, Paul, comme le fait remarquer M. l'abbé Tougard (3), le froid était si vif qu'on put passer la Seine sur la glace ; » et cela dura six semaines, affirme M. Périaux (4).

Le chroniqueur de Fontenelle, qui confirme ces indications, signale en outre un détail assez rare et particulièrement notable au point de vue météorologique : plusieurs coups de tonnerre et des éclairs, le 3 janvier 850 (5). Beaucoup de troupeaux périssent ; aussi la famine désole-t-elle l'année 851 (6).

La première partie du neuvième siècle est donc marquée par une série considérable d'hivers singulièrement durs : 810-811, 821, 824-825, 843, 844-845, 849-850. La seconde moitié du siècle fut aussi fort éprouvée, bien que moins fréquemment peut-être.

La plupart des chroniqueurs rapportent qu'en 860-861, l'hiver fut des plus cruels.

(1) *Rec. des Histor.*, tom. VII, pp. 62 et 63.

(2) *Ibid.*, tom. VIII ; Tabl. chronolog. ad ann. 846.

(3) *Géographie de la Seine-Inférieure.* Arrond. de Rouen, p. 53 note.

(4) *Hist. de la Ville de Rouen*, p. 19.

(5) *Rec. des Histor.*, tom. VII., pp. 41 r., et 42 n.

(6) *Chronicon Augiense* (appelée aussi *Brève Chronique de Saint-Gall*), *ibid.*, p. 207 r.

« De novembre en avril, disent les *Annales de Saint-Berlin*, il gela et neigea continuellement : *Hiems diutina et continuis nivibus ac gelu dira, a mense videlicet Novembri usque ad Aprilem* (1). »

Les *Annales de Fulda* complètent le tableau de cette saison épouvantable : « Le temps était d'une âpreté singulière et l'hiver se prolongea plus longtemps que de coutume ; aussi fut-il des plus nuisibles pour les fruits et pour les arbres. Il tomba en beaucoup d'endroits une neige couleur de sang. La mer Ionienne fut enchaînée si fortement par les glaces qu'on vit arriver à Venise sur des chevaux et des chars des marchands qui, pour ce voyage, n'avaient jamais usé que de vaisseaux (2). »

Presque tous les chroniqueurs contemporains ont signalé cette neige sanguinolente (3) ; il n'est plus permis aujourd'hui d'y voir un simple produit d'imaginations naïves troublées par la superstition. La neige couleur de sang est un phénomène connu, scientifiquement observé, et même parfaitement expliqué par la présence d'organismes microscopiques connus sous le nom spécial de *Disceræa nivalis*. L'un des plus illustres membres de l'Académie de Rouen, M. le docteur Pou-

(1) *Annales Bertiniani* (édit. précit.), p. 53.

(2) *Annales Fuldenses*, dans le *Rec. des Histor.*, tom. VII, p. 169 s.

(3) *Chronicon Saxonicon*, *Annales Metens.*, *Chronicon Reginon.*, *ibid.*, p. 217 ; — Cf. *Hermann Contract.*, *ibid.*, p. 473 ; *Annales Hepidanni*, dans Du Chesne, *Rerum Francic. Scriptor.*, tom. III, p. 473 ; et *Chronicon Lobiense*, dans Martène, *Thesaur. nov. Anecdotor.*, tom. III, p. 1409.

chet, rappelle dans son beau livre intitulé : *L'Univers.*
Les infiniments grands et les infiniments petits (1),
qu'Aristote a connu la neige rouge, et qu'on la rencontre aussi bien sur les cimes des **Alpes** que dans les
régions polaires.

Les conséquences de l'hiver de 861 furent celles de
tous les hivers rigoureux ; les semences moururent en
terre, les vignes périrent, le vin gela dans les tonneaux,
etc., etc. Et cependant, quelques années plus tard, les
Annales de Saint-Berlin (2) et le *Religieux de Saint-*
Denis s'accordent à reconnaître que : « En cele année,
qui estoit en tele Incarnation 874, fut li yvers si lons et
si fors de gelées et de nois (neige), que nus hons qui
lors vesquit n'avoit ainques veu si forz (3). » La neige
et la gelée, ajoutent *Sigebert* (4) et la *Chronique de*
Reims (5), durèrent du 1er novembre jusqu'à l'équinoxe
du printemps.

En 881, la persistance des gelées, pendant une partie
du printemps, rendit cette saison désastreuse, principalement pour les troupeaux. Ne trouvant point de nourriture dans les pâturages glacés, la plupart des bestiaux
périrent sous l'action combinée du froid et de la faim ;
d'autant que l'année précédente avait, par sa stérilité,
empêché les cultivateurs de faire provision de four-

---

(1) *L'Univers* (édition originale, 1865, in-12), p. 17.
(2) *Annales Berlinian.* (supr.), p. 125.
(3) *Rec. des Histor.*, tom. VII, p. 139 E.
(4) *Chronic. Sigebert.*, *ibid.*, p. 252.
(5) *Chronic. Remense*, Labbe, op. cit., t. I, p. 359.

rages (1). Une famine fut la conséquence de cette mortalité.

Les *Annales de Fulda*, où sont mentionnés ces faits, attribuent également à l'an 887 un hiver très prolongé, suivi d'une épizootie dont furent surtout victimes les bœufs et les moutons; presque tous périrent en France : « *Ita ut pene nulla ejusdem generis animalia in Francia relinquerentur* (2). »

Une comète apparut en 892, dans le signe du Scorpion; elle fut visible près de quatre-vingts jours. Les mois d'avril et de mai furent éprouvés par une grande sécheresse; le 12 et le 16 mai, une immense gelée, *immensum gelu*, brûla les vignes et les seigles, au point de rendre la récolte à peu près nulle par toute la France, la Bourgogne et une partie de l'Allemagne. L'Anjou dut beaucoup souffrir, car ce sont les chroniqueurs de *Saint-Maixent* et d'*Angers* qui ont surtout noté ces particularités (3).

L'hiver suivant fut très dur et plus long qu'à l'ordinaire. Au mois de mars, on vit la neige tomber cinq jours de suite, formant une couche de plus d'un pied d'épaisseur. La Bavière surtout fut alors éprouvée; on n'y pouvait plus trouver ni vin, ni moutons, ni abeilles (4).

---

(1) *Annales Fuldenses*, dans le *Rec. des Histor.*, tom. VIII, p. 40; Hermann. Contract. *Chronicon*, ibid., p. 245.

(2) *Annales Fuldenses*, ibid., p. 46.

(3) *Chronicon Malleacense*, ibid., tom. IX, p. 8.; *Chronic. Andegav.*, ibid., tom. VIII, p. 251.

(4) *Annales Fuldenses*, ibid., tom. VIII, p. 54.

De l'ensemble des récits que nous venons de résumer on est en droit, ce nous semble, de conclure que le neuvième siècle fut, pour presque toute l'Europe, un siècle dur et calamiteux. Le silence des historiens paraît au contraire favorable au siècle suivant, où peu d'hivers sont signalés pour leur rigueur exceptionnelle.

En 944, le mardi de Pâques (16 avril), note la *Chronique d'Angers*, au chant du coq, se produisit un tremblement de terre ; le 28, la gelée brûlait toutes les vignes (1). La *Chronique de Saint-Maixent* place cette gelée au 1er mai (2). Tout l'été la pluie tomba (3).

Flodoard attribue à l'an 964 un hiver âpre et prolongé jusqu'aux Calendes de février (4). La *Chronique de Reims* n'en fait aucune mention, mais elle signale, dix ans plus tard, une gelée qui se prolongea depuis les Calendes de novembre jusqu'à l'équinoxe du printemps (5) ; malgré l'appoint des *Chroniques de Liège* et de *Lobio*, qui, de même, donnent la date de 975 ou 974 (6), nous ne pouvons ne pas être frappé de la similitude des détails indiqués ici avec ceux que déjà nous avons signalés juste un siècle auparavant, en 874. Il y a sans doute confusion dans les chroniques les plus jeunes.

Nous savons, par *Sigebert*, qu'il tomba beaucoup de

(1) *Chronicon Andegavense, ibid.*, p. 252.

(2) *Chronic. Malleacense, ibid.*, tom. IX, p. 8 v.

(3) *Chronic. Hepidanni*, dans Du Chesne, *Rerum Francic. Script.*, tom. III, p. 475.

(4) *Flodoard. Chronic.*, dans le *Rec. des Histor.*, tom. VIII, p. 213.

(5) *Chronic. Remense, ibid.*, tom. IX, p. 39.

(6) *Ibid.*, p. 98.

neige en 989, et qu'une pluie presque continuelle rendit tout à fait impossible l'ensemencement d'automne (1).

L'an 1000, si redouté d'avance, ne paraît avoir amené aucune perturbation grave dans la température européenne : les vingt premières années du onzième siècle s'écoulent de même sans laisser la trace d'aucun froid extraordinaire.

Mais en 1020, la saison est si dure et l'hiver si prolongé que beaucoup de gens périssent. Une grave épidémie succède à cette première épreuve et porte soudain la terreur dans presque tout le monde connu. La mortalité est « inouie » dit la *Chronique de Lausanne* (2). En outre un tremblement de terre, indiqué au 13 mai par la *Chronique Saxonne*, vient augmenter la terreur (3).

1043 avait amené la famine : l'hiver en augmente l'horreur. Une grande gelée sévit trois mois, du 1er décembre au 1er mars (4). La peste ravage les troupeaux, la neige détruit une grande partie des vignes et stérilise tous les fruits (5). Elle tombe plus abondante encore en l'année 1067, jusqu'à écraser de son poids les splendides forêts de l'Ouest : « *Nix in Occidente tanta cecidit*

---

(1) Sigebert. *Chronic.*, ibid., tom. X, p. 216.

(2) *Ibid.*

(3) *Chronicon Saxonic.*, ibid., tom. X, p. 231.

(4) *Chronic. Lobiens.*, ibid., tom. XI, p. 415.

(5) Hermann Contract. *Chronicon*, ibid., pp. 19 et 425. — Cf. *Chron. Reg. S. Pantaleon. Ibid.*, p. 425.

ut silvas frangeret (1). » Hermann Contract, qui rapporte à l'année 1057 ces neiges abondantes et la perte des vignes, ajoute que, la même année, on vit tomber du ciel avec la grêle d'énormes pierres (2) ; plusieurs personnes furent foudroyées. Ces rapprochements pourraient fournir aux météorologistes la matière d'études curieuses.

Le même auteur note qu'au printemps de l'année 1063 on vit, vers le milieu d'avril, se produire comme un hiver tardif d'une violence extrême. Le vent, qui soufflait en raffales, faisait tourbillonner la neige ; beaucoup d'oiseaux et de bestiaux périrent dans ces tourmentes.

L'hiver de 1067 commença vers la saint Brice (13 novembre), nous apprend la *Chronique de Reims* (3), et il se prolongea jusqu'à la fête de saint Grégoire, c'est-à-dire jusqu'au 12 mars, date fatale, qu'on retrouve plusieurs fois dans les annales de la météorologie. Cinq mois de souffrances, succédant à la conquête et au partage de l'Angleterre par les hardis compagnons de Guillaume de Normandie, achevèrent de ruiner les malheureux Anglo-Saxons ; ils n'avaient même pas la ressource de se réfugier dans le Nord, car les Scots les pressaient autant que les Normands. Aussi en arrivèrent-ils à ce point de dénuement et de misère que les *Nouvelles Chroniques de Normandie,* publiées par M. Chéruel,

---

(1) *Chronic.* Lamberti Parvi, *ibid.*, tom. XI, p. 294 ; Cf. Sigebert, *ibid.*, 426 ; et *Chronic. Remense, ibid.*, p. 291.

(2) *Ibid.*, tom. XI, p. 22.

(3) *Chronic. Remense, ibid.*, p. 291.

assurent qu'ils se virent réduits à se nourrir de chair humaine (1).

L'hiver de 1069-1070 est signalé par Bertold de Constance comme venteux et pluvieux (2), et par Lambert d'Aschaffenbourg comme ayant fait grand tort aux vignes et aux arbres des forêts ; mais les souffrances de la vigne n'eurent que des suites passagères, car, dès l'année suivante, elles produisirent avec tant d'abondance que, dans beaucoup d'endroits, on put à peine suffire à la vendange (3).

« En 1074, le sixième jour avant les Calendes de février (c'est-à-dire le 27 janvier), raconte à ce propos Lambert d'Aschaffenbourg, il apparut au ciel un signe merveilleux. Au lever du soleil, deux colonnes se montrèrent, l'une à sa droite, l'autre à sa gauche ; leur couleur était celle de l'or, et leur éclat resplendissant se maintint jusqu'à ce que l'astre se fut élevé de quelques degrés au-dessus de l'horizon. Pendant la nuit précédente, un certain nombre de personnes avaient, au premier chant du coq, remarqué la présence d'un arc-en-ciel. Le froid était alors très vif, et l'hiver tellement sec que, non seulement les fleuves étaient couverts de glaces, mais qu'on eût dit à les voir qu'ils étaient complètement transformés en glaciers. Aussi les troupes souffrirent-elles énormément de la faim, car l'état des cours d'eau avait réduit tous les moulins à la plus stricte

---

(1) *Normanniæ nova chronica (Chronicon triplex et unum)*, p. 7.

(2) Berthold. Constantiens. *Chronicon*, dans le *Recueil des Histor.* tom. XI, p. 24 ; Cf. *Chronic. Lobiens*, ibid., p. 416.

(3) Lambert. Schafnaburgens. *Chronic.*, ibid., pp. 62-63.

impuissance, et il était impossible de convertir en farine même le peu de froment que l'on pouvait encore trouver (1). »

Ce froid si vif aurait duré du 1ᵉʳ novembre au 15 avril, si l'on acceptait le chiffre de la *Chronique abrégée de Saint-Martin de Tournai* (2); mais ici encore il paraît y avoir eu confusion, car ces dates extrêmes sont celles que la plupart des autres chroniqueurs appliquent à l'an 1076 (3). Peut-être aussi ce grand hiver est-il celui que la *Chronique de Saint-Colombe de Sens* attribue à l'année 1077 ; cette chronique se borne cependant à dire que le froid dura du 1ᵉʳ novembre au 15 mars (4). Il arrive assez fréquemment à ces vieux auteurs de chroniques de s'embrouiller dans le calendrier romain et de prendre, par exemple, les calendes d'avril pour des jours du mois d'avril même.

Quoi qu'il en soit, *Lambert d'Aschaffenbourg* assure qu'en 1076, on put traverser à pied sec le Rhin, entièrement congelé, et cela depuis le 11 novembre, jour de la Saint-Martin d'hiver, jusque vers le 1ᵉʳ avril (5). On conçoit que par un tel temps les vignes aient été gelées « presque jusqu'à la racine ».

La *Chronique de Verdun* parle aussi de gelées qui

(1) Lambert. Schafnaburg., *ibid.*, p. 65.

(2) *Breve Chronicon. S. Martini Tornacen.*, dans Martène, *Thesaurus novus Anecdotorum*, tom. III, col. 1453.

(3) *Normanniæ nova Chronica*, p. 7; *Chronicon Leodien*, dans le *Rec. des Histor.*, tom. XI, p. 203.

(4) *Chronicon. Senonic. S. Columbæ*, *ibid.*, p. 293.

(5) Lambert. Schafnaburgen. *Chronicon*, *ibid.*, p. 67.

durèrent quatre mois ; mais les vignes résistèrent et les vendanges furent précoces ; elles se firent au mois d'août, tant l'été fut chaud et sec (1).

Les fleuves gelèrent de nouveau en 1091, d'après l'écrivain anglais *Guillaume de Malmesbury*, et les pluies furent excessives (2). Mais qu'est-ce que cela auprès des étonnants prodiges dont la Prusse fut le théâtre précisément cette année-là ?

« Dans les pays teutoniques, affirme Bertold de Constance (3), il plut de la chair et du sang ; on vit pêle-mêle tomber du ciel des crapauds et des poissons ; des gens digne de foi, et en grand nombre, assuraient l'avoir vu eux-mêmes. Ailleurs, en Allemagne, on vit saigner des pains (4) ; et certes il n'est pas étonnant que les témoins de ces merveilles aient cru y voir le présage de grands changements dans l'Empire. »

Ne nous hâtons pas trop de rejeter dans le domaine des fables ces narrations merveilleuses. Si l'on n'a pas encore scientifiquement constaté des pluies de chair, ni des hémorragies de pain ; si l'on a cru pouvoir expliquer les pluies de sang, en niant que ce fût du sang, des observations toutes récentes, des constatations officielles suivies d'enquêtes scientifiques, semblent, une fois de plus, donner raison au moyen âge contre ceux qui l'accusent de naïveté ou d'hallucination.

(1) *Chronic. S. Vitoni Virdunens.*, ibid., p. 413.
(2) Willelm. Malmesbur., *De rebus gestis Regum Anglorum,* dans Savile, *Rerum Anglicar. Scriptor.* (1596, in-fol.), fol. 70 verso.
(3) *Rec. des Histor.*, tom XI, p. 26.
(4) *Ibid.*

Toute la presse a raconté que, le 15 mai de l'an de science 1890, une pluie de sang a été constatée dans les États napolitains, au village de Missignadi, à une lieue environ d'Oppido-Mamertino (1) : à deux reprises, et à une demi-heure d'intervalle, une légère pluie de sang, sous forme de gouttelettes luisantes, est tombée sur des personnes, des pierres, des feuilles, des tiges, etc. Les carabiniers royaux (les gendarmes du pays) dressèrent procès-verbal des faits. Eux-mêmes avaient reçu du sang sur leurs mains étendues. Il ne s'agissait pas de neige ou d'eau plus ou moins colorées par un mélange d'infusoires microscopiques ; des pierres et des feuilles, recueillies par l'Observatoire local d'Oppido-Mamertino, ayant été envoyées à Moncalieri et soumises à l'analyse, on constata chimiquement que les gouttelettes desséchées offraient tous les caractères du sang : aspect physique, odeur lors de la combustion, résidu ferrugineux, cristaux d'hématine enfin, qui ne permettent aucun doute. L'analyse microscopique permit même d'aller plus loin : les globules affectaient la forme de *nuclei ;* ce sang était *du sang d'oiseau.* Et cependant pas un volatile blessé

(1) V. le journal le *Patriote de Normandie,* du 9 février 1891 ; l'article est résumé du *Journal des Débats* qui, entre autres témoins, cite le R. P. Denza, directeur de l'Observatoire de Moncalieri, M. Viridia, directeur de l'Observatoire local d'Oppido-Mamertino, et les chimistes de l'École d'hygiène publique de Rome. — Cf. *Histoire miraculeuse des eaux rouges comme sang tombées dans la vallée de Sens et ses environs le jour de la grand Feste-Dieu dernière, 1617. Extraits d'une lettre de maistre Thomas Mont-Sainct, maistre chirurgien en ladicte ville a un sien amy, à Paris. A Paris, chez S. Moreau, dans la Cour du Palais. M. DC. XVII, 14 pp. in 12.* (Catalogue Suffroy, mars 1888, réimpression).

ne s'était abattu durant le phénomène sur la vaste surface de deux kilomètres carrés que le sang avait ma-
culée. Le fait demeure inexplicable ; il n'en est pas moins
constaté par des témoins, dont le *Journal des Débats*
notamment a cité les noms, bien connus dans le monde
scientifique, sans qu'ils aient exigé de lui aucune recti-
fication.

Est-il besoin de rappeler ici que les pluies de poissons
et de grenouilles sont des faits très connus et dont on ne
peut plus douter. En cette même année 1890 (1), la ville
d'Yvetot a vu une pluie de grenouilles ; et il nous
souvient parfaitement d'avoir, dans notre enfance, à la
suite d'une forte averse, rencontré des milliers de petits
batraciens noirs, sautillant, cherchant des abris, sur la
route départementale de Sainte-Gertrude à Caudebec-
en-Caux, à l'entrée de cette dernière ville. C'étaient évidemment les hôtes du *Marais* voisin, qu'un impétueux
tourbillon avait entraînés dans les airs.

Qu'on nous pardonne cette digression : nous revenons
à nos..... frimas.

Aussi bien notre travail va-t-il entrer dans une phase
nouvelle. Nous n'avions pour guides au début que des
poètes ou des naturalistes ; puis, à partir du cinquième
siècle, des chroniqueurs généralement très brefs. Dès le

(1) Yvetot a revu une pluie de grenouilles le lundi 22 juin 1891 ; voir
l'*Abeille Cauchoise* du 25 et le *Patriote de Normandie* du 26 juin.

La fréquence de ce phénomène peut s'expliquer par le voisinage de la
vallée de Sainte-Gertrude et des vastes alluvions marécageuses de la
Seine en face de Caudebec, précisément au sud d'Yvetot, c'est-à-dire
dans la direction des pluies tièdes et abondantes.

douzième, nous rencontrons des *historiens* vraiment dignes de ce nom.

M. L. Delisle a signalé l'hiver très rude de l'année 1115 (1), sur laquelle l'écrivain anglais Roger de Rovereden fournit quelques renseignements. « Presque tous les ponts d'Angleterre furent, dit-il, enlevés par les glaces (2). » Peut-être le grand pont de Rouen subit-il le même sort, car ce fut peu de temps après (1145) que l'impératrice Mathilde s'occupa de remplacer une vieille passerelle de bois, signalée dès le neuvième siècle, par une construction en pierres (3). Le supplément de Sigebert, rédigé à Blandigny, note, au 12 mars, une éclipse de lune que les calculs astronomiques renvoient au 10 février ; il ajoute que la gelée finit le 24 du même mois (de février) : elle avait commencé dès le 22 décembre (4).

Roger de Hoveden ajoute qu'en 1117 un orage épouvantable éclata le 1er décembre. Le tonnerre et les éclairs furent accompagnés de torrents de pluie et de grêle. Le 11 du même mois, la lune avait paru sanglante, puis elle s'était couverte de ténèbres (5).

En 1125-1126, dit Guillaume de Nangis : « l'hiver fut plus mauvais *(acerbior)* que de coutume, et l'accumulation des neiges, qui tombèrent souvent du ciel, le ren-

(1) L. Delisle, *Études sur la condition de la classe agricole*, p. 362.

(2) *Rerum Anglicarum Scriptores* (Savile, 1596), fol. 271².

(3) N. Périaux, *Dictionn. indic. des Rues et Places de Rouen*, verbo PONTS, p. 468.

(4) *Rec. des Histor.*, tom. XIV, p. 46 c.

(5) *Loc. cit.*

dit affreux et pénible. Beaucoup de pauvres, de femmes, d'enfants, furent victimes de ses rigueurs. Dans les viviers, les poissons mourraient étouffés par la glace ; car telle en était l'épaisseur et la résistance qu'on y faisait passer des chariots pesamment chargés et qu'on y chevauchait aussi bien que sur terre. Dans le Brabant, chose étrange ! on vit d'innombrables anguilles quitter les marécages glacés pour se cacher dans les fenils ; mais la rigueur extrême du froid les y fit périr et pourrir. La mortalité fut grande aussi sur les animaux domestiques. A l'hiver proprement dit succédèrent des intempéries qui ramenèrent alternativement des neiges, des pluies, des gelées, et cela jusqu'à la mi-mars. Ce fut à peine si les arbres commencèrent à verdoyer au mois de mai ; ce fut à peine si l'herbe et le gazon reprirent alors quelque vigueur. Puis l'eau du ciel recommença à tomber presque sans trève pendant les mois qui suivirent, et gâta toutes les semences : le seigle et l'avoine trompèrent donc l'espérance du cultivateur. En même temps le feu sacré dévorait les populations (1) ». Mais ce dernier article sort de notre sujet, et demanderait trop de développements (2).

---

(1) Guil. de Nangis. *Chronicon continual.* (Edit. de la Soc. de l'Hist. de France), tom. I, pp. 14-15.

(2) C'est surtout dans Sigebert, sous la date de 1090, que l'on trouve de curieux détails sur cette maladie célèbre, qu'on nommait *le feu sacré*, ou encore *le mal des ardents.*

La Société académique de l'Aube l'a particulièrement étudiée en 1864, et l'un des plus savants membres de cette laborieuse Compagnie, M. le chanoine Coffinet, en a parfaitement décrit les caractères et résumé les développements dans ses intéressantes *Recherches historiques et archéolo-*

La *Chronique de Mortemer* confirme, en deux mots seulement, le témoignage de Nangis : « L'hiver, dit-elle, fut très âpre et la famine cruelle : *Hiems asperrima et fames valida* (1) ».

Anselme de Gembleux et le moine de Blandigny signalent la précocité de l'hiver de 1128. Il commença à geler en septembre ; le dégel ne se produisit qu'au commencement de janvier 1129 (2).

« Deux ans avant la mort du roi Henri I, raconte Orderic Vital, il advint une chose merveilleuse. Dans la nuit des Saints-Innocents la neige tomba soudain avec tant d'abondance que nul homme ne se souvenait d'en avoir vu de telles quantités, ni même d'avoir entendu dire qu'on en eût jamais constaté autant. Cette neige obstrua l'entrée des maisons, couvrit la surface des chemins, nivela les monts et les vallées, étouffa les oiseaux et les autres animaux, engloutit même des hommes, et rendit ce jour-là l'accès des églises impossible à une multitude de fidèles (3) ».

giques sur les attributs de Saint-Antoine (*Mémoires de la Soc. Académique de l'Aube*, tom. XXVIII, pp. 434 et suiv.).

M. le docteur Bacquias fit justement observer à ce propos, dans ses *Recherches historiques et nosologiques sur les maladies désignées sous le nom de Feu sacré, Feu de Saint-Antoine, Mal des Ardents*, etc. (ibid., pp. 365-377), qu'on a confondu sous ces noms des maladies bien différentes, mais que le feu de Saint-Antoine doit être assimilé plus particulièrement à l'ergotisme gangreneux, maladie endémique due à l'usage habituel ou trop fréquent de pain de seigle de mauvaise qualité. — Cf. *Mém. de l'Acad. royale de Médecine*, ann. 1777-1778, p. 587.

(1) Bibl. nat. de Paris, ms. lat. 4863, fol. 93.

(2) Rec. des Histor., tom. XIV, p. 18 c.

(3) Ord. Vital, *Histor. Ecclesiast.* lib. VI (Ed. de la Soc. de l'Hist. de France, tom. III, p. 120).

La nuit des Innocents (c'est-à-dire la nuit du 28 au 29 décembre) intéressait d'autant plus Orderic, que le 29 était la fête de Saint-Evroult, patron du monastère où résidait notre historien. Cette solennité se trouvait ainsi compromise.

Cependant un Breton, nommé Geoffroy, qui habitait le village de Corbon et aimait à se rendre aux grandes fêtes de l'abbaye d'Ouche, se mit audacieusement en route, malgré la neige. Chargeant une jument de pains de seigle, qu'il destinait aux religieux, et prenant avec lui son fils, il arriva jusqu'aux bords de la Risle, qu'il comptait passer à gué, car elle n'avait pas de pont ; mais ce ne fut que par miracle qu'ils purent traverser la rivière, au grand péril de leur vie, et gagner le monastère.

Le pain de seigle fut précieux pour les moines en cette occasion ; car, dit ailleurs Orderic : « On ne pouvait se procurer les choses nécessaires à la vie, par suite de l'obstruction des routes par la neige, qui, en certains endroits, empêcha les prêtres eux-mêmes de pénétrer dans leurs églises. Six jours plus tard (par conséquent le 3 janvier 1134), un vent doux fit fondre la neige. Une immense inondation se produisit aussitôt ; les fleuves s'enflèrent au point de sortir de leur lit, causant partout de grands dégâts, interceptant les communications, chassant les hommes de leurs demeures envahies ; d'énormes meules de foin furent enlevées des prairies ; des tonneaux remplis de vin et d'autres vases à provisions, des meubles de tout genre et de tout prix furent emportés au loin ; en sorte que les uns se désolaient de leurs pertes, tandis qu'ailleurs on se réjouissait d'aubaines inespérées dont on ignorait l'origine (1). »

Telle fut la rigueur de l'hiver de 1149-1150, qu'en Normandie, plusieurs personnes eurent les membres gelés. Robert de Torigny nous apprend que le froid fut horrible durant trois mois; on ne put travailler la terre qu'au printemps; aussi l'année fut-elle absolument stérile (2).

Le même auteur mentionne les gelées et les neiges de l'année 1176, qui durèrent depuis Noël jusqu'à la Purification (3). La veille de Pâques (3 avril), un ouragan violent éclata sur le Midi, déracinant les forêts et renversant les maisons (4).

La saison hivernale ne fut pas moins inclémente en 1179; elle commença vers l'octave de Noël et dura jusqu'à la Chandeleur (1er janvier-2 février). Il s'ensuivit une grande inondation dans le Maine et dans l'Anjou (5). La *Chronique de Savigny* ajoute que beaucoup d'arbustes et de vignes périrent alors (6).

Les débuts du XIIIe siècle furent singulièrement rigoureux.

---

(1) *Ibid.*, Part. III, lib. XIII, § 6; Migne, *Patrol. Latin.*, tom. CLXXXVIII, col. 939.

(2) Robert. de Torign. *Chronicon.* (Ed. de la Soc. de l'Hist de Norm.), tom. J, p. 252; Farin, *Hist. de la Ville de Rouen* (éd. 1738), tom. I, pp. 521 et 526.

(3) Rob. de Torign., *ibid.*, p. 60, et note de M. L. Delisle.

(4) *Ibid.*, p. 61.

(5) *Ibid.*, pp. 80-81 et note.

(6) *Chron. Savigniacense*, dans Baluze, *Miscellanea* (édit. in-fol.), tom. II, p. 327; cf. *Rec. des Histor.*, tom. XII, p. 781.

Le *Chroniqueur de Mortemer* relate d'abord, en 1205, un premier hiver des plus durs qui sévit trois mois et plus (1). M. Léopold Delisle en fixe le début au 5 décembre 1204, et la fin au 31 mars (2). La mortalité fut extrême, sur les brebis surtout, plus sujettes (paraît-il) que beaucoup d'autres animaux aux maladies de poitrine ; beaucoup d'oiseaux sauvages succombèrent également. Les semailles ayant été faites dans de mauvaises conditions, ou n'ayant pu avoir lieu, une famine en fut la triste conséquence (3).

Cinq ans plus tard, nouveaux malheurs. « L'an mil deux cent dix, écrit Jean Nagerel d'après les *Annales de Rouen*, la nuict ensuyvant du jour de Pâques, le feu brusla Sainct-Cande-le-Vieil et Sainct-Denis, à Rouen ; et n'y demoura guères de maisons.

« Ce dict an fut une si griesve gelée, laquelle dura par deux mois ; et le froment, lequel estoit semé, fut perdu ; et à peine peut-on recueillir la semence qu'on avoit semée (4). »

En 1218, le troisième jour avant les Calendes d'octobre (c'est-à-dire le 27 septembre), une gelée blanche des plus violentes se produisit pendant sept jours consécutifs. Presque tous les raisins, que l'on était alors en train de vendanger, furent gelés et complétement gâtés.

---

(1) *Chronicon Mortui-Maris* dans Martène, *Thesaurus Anecdotor.*, tom. III, col. 1449 ; cf. *Rec. des Histor.*, tom. XVIII, pp. 342 et 355.

(2) L. Delisle, *Études sur la condit. de la classe agricole*, p. 636.

(3) N. Périaux, *Hist. de la Ville de Rouen*, p. 78.

(4) J. Nagerel, *Descript. du pays et duché de Normandie* (Le Mégissier, 1589), fol.

Un mois plus tard, le troisième jour avant les calendes de novembre (28 octobre), une dure gelée sévit sans aucune interruption jusqu'au jour de Saint-Nicolas (2 décembre); la neige tombait fréquemment; toutes les routes devinrent impraticables, la boue s'étant changée en glaces raboteuses; les étangs et les plus grands fleuves, tels que la Seine et la Loire, furent gelés et solidifiés. Les vents d'ouest ayant forcé durant un court intervalle la température à fléchir, le vent du nord reparut tout à coup plus glacial que jamais; alors une gelée continuelle et des neiges presque sans trêve se produisirent jusqu'au milieu de mars; à cette époque, enfin, la gelée proprement dite s'apaisa, mais le froid se maintint quand même par suite de vents intolérables, si bien qu'à la mi-mai quelques épis clairsemés se montraient seuls dans les champs, et quelques pampres étiolés apparaissaient à peine sur les vignes. « J'ai vu de mes propres yeux, écrivait Guillaume le Breton, auquel nous empruntons ce tableau désolant, j'ai vu nombre de champs dans lesquels la moisson future avait si complètement péri qu'il fallut les labourer et les ensemencer une seconde fois (1) ».

Les suites d'un pareil hiver ne pouvaient qu'être désastreuses : aussi le même historien fournit-il de nouveaux détails à quelques pages de ceux-là : « La rage des vents d'Ouest persévéra sans intervalles pendant tout le mois de mars et pendant celui d'avril, et quoique

(1) Guillelm. Armoric. *De Gestis Philippi Augusti*, dans le *Rec. des Histor. des Gaules*, tom. XVIII, pp. 112 t. et 113.

les champs labourés, les prairies, les hameaux et les places publiques fussent absolument desséchés par leur souffle ; bien que la pluie ne tombât pas, les fleuves, contre toutes les lois ordinaires de la nature et malgré l'état apparent de l'atmosphère, grossirent leurs eaux et envahirent les prés, les bosquets, les lieux habités, les vignes et les champs voisins de leur lit, non sans un grand dommage pour les cultivateurs ; car l'inondation se maintint durant tout le mois d'avril et jusqu'au milieu de mai. A Paris même, un nombre infini de maisons étaient assiégées par les ondes, au point qu'on n'y pouvait accéder qu'en bateau ; le Petit-Pont, inondé, était encore impraticable peu de jours avant le 15 mai. Vers la fête de saint Jean (24 juin) et jusqu'à l'entrée du mois d'août (*usque ad gulam Augusti*), il ne cessa de pleuvoir ; aussi ne put-on moissonner, ni vendanger que fort tard ».

Comment dès lors s'étonner que la vendange de 1219 ne se soit faite que très difficilement. « Il avait continuellement plu au temps de la floraison ; une grande gelée blanche survint à la fin d'août, le jour de la pleine lune. A la fin de septembre, au temps même où d'ordinaire les grappes sont recueillies, il gela fortement l'espace de trois semaines ; les fruits, qui n'avaient pas mûri, furent alors recouverts d'une couche épaisse de neige, et cela pendant plusieurs jours ; le vin fut entièrement perdu dans presque tout le royaume de France. Car, lorsqu'on put enfin cueillir les grappes, celles-ci étaient tellement brûlées qu'elles ressemblaient à de la pulpe déjà passée par le pressoir : *usti erant quod nihil aliud esse videbantur quam artinum torculari jam pressum*. Aussi, conclut Guillaume le Breton, n'ai-je vu personne qui se vantât d'avoir recueilli le quart du vin qu'il eût pu espérer, fût-ce même à l'état de verjus : *vini viridis et immaturi* (1). »

Enfin les pluies recommencèrent, pour ne cesser qu'au 1er février ; en sorte que l'inondation fit croûler de toutes parts les berges des étangs, les ponts et les moulins, et même nombre de maisons (2).

Ainsi, la mauvaise saison avait duré quinze mois presque sans interruption, de la fin du mois d'octobre 1218 au commencement de février 1220. Il ne nous souvient pas d'avoir rencontré dans l'histoire une seconde période d'intempéries aussi tristement prolongées.

C'est à peine si la culture eut le temps de se reposer d'une épreuve aussi désastreuse. L'hiver de 1223-1224 ne fut pas moins ruineux pour elle.

On lit dans le *Breve Chronicon Remense* (3) que, le 6 août 1223, tandis que l'archevêque de Reims, Guillaume de Joinville, sacrait le roi Louis VIII et la reine Blanche de Castille, en présence de Jean de Lusignan, roi de Jérusalem, des pairs de France et de nombreux barons, une pluie torrentielle commença à tomber ; elle continua, faisant de tels ravages que presque toutes les moissons qui se dressaient dans la campagne furent couchées sur le sol et pourrirent : les vignes ne purent arriver à une maturité suffisante.

(1) *Ibid.*, p. 113 B.
(2) *Ibid.*, pp. 113 E. et 114.
(3) *Rec. des Histor.*, tom. XVIII, p. 700.

La *Chronique de Liége* indique, comme limites extrêmes de ce désolant hiver (1), la Saint-Denis (9 octobre) 1223 et la Saint-Marc (25 mars) 1224.

Les *Annales de Rouen* insistent plus particulièrement sur les bourrasques violentes qui marquèrent cette période, et qui, non seulement firent verser les blés, mais jetèrent bas plusieurs clochers de France et de Normandie. Elles ajoutent que, cette année-là, il y eut grande famine en tous pays et notamment en France. Mais le naïf chroniqueur ajoute avec empressement que, grâce à Dieu, il n'a pas entendu dire que personne soit mort de faim : « *Sed, Deo gratias! nullum audivimus fame interiise* (2). »

Juste dix ans plus tard (1232-1233), nouvelle saison des plus rudes (3). La gelée commence à Noël et dure, presque sans répit, jusqu'au jour de la Chandeleur (25 décembre 1232 — 2 février 1233).

La fin de ce siècle paraît avoir été moins éprouvée. Les vignes, cependant, gelèrent encore en 1258, et la vendange fut retardée presque jusqu'à la Toussaint. Puis, vers la Pâques 1259, la peste ravagea Paris où, peu avant la vendange, les vins se vendirent jusqu'à quatre deniers, dit une *Chronique Parisienne anonyme* que nous a seul conservée un manuscrit du musée Britannique (4).

(1) *Ibid.*, p. 666.

(2) *Rec. des Histor. des Gaules*, tom. XVIII, p. 362 D.

(3) L. Delisle, *Études sur la condition de la classe agricole en Normandie, au Moyen-Age*, p. 637; cf. A. Chéruel, *Normann. Nova Chronica*, p. 20.

(4) Ms. Cotton. Vespasian. DIV, cité par M. L. Delisle, *Notes sur quelques manuscrits du musée Britannique*, p. 7.

1260 était une année bissextile. L'hiver en fut assez doux ; mais tandis qu'on s'en réjouissait, dit la *Chronique de Savigny*, une gelée imprévue se produisit au mois d'avril sous l'action d'un fort vent du Nord, et, vers le milieu du mois, la grêle et la neige apparurent. La neige, qui couvrait le sol, causa d'autant plus de surprise qu'on n'en avait point vu d'hiver (1) et qu'à peine avait-il gelé jusqu'à ce malheureux jour, dont les conséquences furent fatales pour les vignes de Vernon et de l'Ile de France ; elles furent fort maltraitées et la plupart périrent, dit la *Chronique de Rouen* (2).

En 1281, vers l'octave de l'Épiphanie, a noté Philippe Josse dans son *Journal historique* (sans doute d'après un vieil auteur rouennais), « les eaux furent si grosses que la rivière monta plus de six pieds au-dessus de la chaussée de Martainville; et après, une merveilleuse gelée fut, qui dura jusques à Noël (3) ».

M. Nicétas Périaux ajoute que : « Aux pluies de janvier succéda un froid très rigoureux, et la gelée se prolongea jusqu'au mois d'avril (4) ».

Le treizième siècle fut donc généralement humide, et les agriculteurs eurent fort à en souffrir.

Dès son début le quatorzième siècle se distingua par sa froidure.

(1) *Chronic. Savign.*, dans Baluze, *Miscellanea.* tom. L, p. 329.
(2) *Normann. nova chronica*, p. 26.
(3) Sarrazin, *Abrégé d'un journal historique de Rouen*, p. 17.
(4) N. Périaux, *Hist. de la Ville de Rouen*, p. 105.

En 1301, lisons-nous dans la *Chronique inédite de l'abbaye de Saint-Wandrille* : « Une comète apparut vers la fête de Saint-Michel, et aussitôt la guerre éclata dans les Flandres ; elle entraîna la perte de la milice française dans le cours de l'année suivante ». L'auteur fait ici allusion à la fameuse défaite de Courtrai.

La comète qu'il rend responsable de si funestes conséquences s'était montrée pendant un mois dans le signe du Scorpion ; la même année, « il y eut en décembre un froid extraordinaire ».

C'est seulement à l'hiver de 1302-1303 que M. Léopold Delisle attribue cette rigueur (1). Un poète contemporain, Godefroy, dit de Paris, dépeint ainsi, dans sa *Chronique Métrique* la même saison hivernale :

La nuit de Nouuel, en cel an,
Fist-il se très grand froid à pan
Que vins gelèrent ès toniax.
Cel an moururent les aingniax,
Brebis et autres bestes grosses,
Ès chans, et ès tas, et ès fosses,
Et ès villes et par dehors ;
Et en leurs lits trouvoit-on morts
Les gens par angoisse de froit ;
Et partout tant de nef (neige) avoit
Qu'oncques mès tant n'en fut trouvée.
Toute rivière fu gelée ;
Par dessus, sentiers et chemins
Où l'en charioit blez et vins.
Et, quant ce vint au desgeler,
Que glaçons convint charier,
Tout ce que devant elz trouvoient
Versoient outre et trébuchoient.

(1) *Étude sur la condition de la classe agricole*, p. 639.

Lors fu mainte grand nef partie,
Et mainte autre marchéandie,
Sans mètre ne fere requeurre.
Onques mès l'on ne vit tel eurre ;
Dont marchéans déséritez
Furent du leur, c'est véritez,
Et demourèrent orphelin.
Cel an, trébucha maint moulin
Qui tout yver n'avoit moulu,
Que le giel lor avoit tolu ;
Si gaingnièrent moulins à vent
Plus que n'avoient fet devant
En un an ; moulins à chevax
Refurent lors en leur aviax ;
Si gauingnan cel an qui pot,
Et ne mie chascun qui vot (1).

Nouvelles gelées en 1304 :

Cel an, fu terre damagiée,
Et de froideur et de gelée.
Allèrent par dyverse terre
Povre gent pour leur vie querre,
Ne se savoient que devenir,
Ne se povoient soustenir.
Si fu faute de vin, de pain,
Et de tous fruits ; et por la faim
Mourut-il mainte povre gent.
Lors furent à marchié sergent
Qui ne quéroient que leur vivre
Por estre de la faim delivre (2).

Le temps n'eut pas plus de clémence en 1306-1307.

« Environ ce temps, » raconte la *Chronique manus-crite anonyme* qui fait suite à l'édition des *Chro-*

_____

(1) Godefroy de Paris. — *Chronique Métrique* dans le *Panthéon Litté-raire* de Buchon, pp. 66-68.

(2) *Ibid.*, pp. 89-90.

niques de Normandie de Guillaume le Talleur (1),
« il y eut habondance d'eaues. Et avant que peussent
descroitre, ilz furent gelées ; et quant vint au desgel,
tant maisons [que] pontz et moullins tresbuchèrent, et
en grève moult de bateaux chargés périrent. »

Godefroy de Paris en témoigne également :

> L'année mil trois cens et sept,
> En avril, fit-il si grant froist
> Que vignes en borjons gelèrent
> Ne riens cel an ils ne portèrent ;
> Dont maintes lors l'eave burent,
> Qui puis en septembre morurent ;
> Ainsi en fu la vérité.
> Si en fu la mortalité,
> En cel an, sur les hommes grant.
> Li physicien grandement
> Lors guaingnèrent : qui ne purent
> En cel an vivre celz morurent (2).

En 1308, la pluie et les vents causèrent de grand dé-
gàts, d'après la *Chronique* précitée.

Le froid ne tarda pas d'ailleurs à se faire sentir de
nouveau. Ecoutons le continuateur de Guillaume de
Nangis :

« Cette année là (1315), à partir de la mi-avril jusqu'à la fin de juillet ou environ, des torrents de pluie
tombèrent presque continuellement, et un froid insolite
régna pendant l'été *(frigusque œstivo tempore inso-
litum)*. Aussi, ni les moissons, ni les vignes n'arri-

---

(1) V. l'exemplaire de la Bibl. munic. de Rouen ; additions manus-
crites, fol. 10, verso.

(2) Godefroy de Paris, *op. cit.*, p. 130.

vèrent à maturité convenable ; et c'est pourquoi, durant presque tout le mois de juillet, on fit de pieuses processions dans lesquelles le clergé s'associait au peuple (1) ».

Le rimeur parisien ne pouvait négliger d'en tracer le tableau ; qu'on nous permette encore cette citation :

> En cel an moult plust et venta,
> Qui blez et vigne adenta
> Quatre mois continuement ;
> S'en fu le monde en grant torment,
> May, juing, juingnet, puis tout aoust ;
> Ainsi Nostre Seingnor le voust.
> En cel temps les processions,
> Chanoines et collégions,
> Allèrent de toute partie,
> A grant doulor, à grant hachie ;
> Et trestouz, nus piez et en langes,
> Aus grans festes et aus dimanches,
> Roy, duc et conte, tex estas,
> Et au-tel firent les prélas ;
> Partout aloient Dieu requerre
> Que Dieu biau temps donnast en terre.
> Mes longuement fu atendu ;
> De moult grand temps n'ot entendu
> Dieu la requeste qu'orent fet ;
> Et tout estoit par le mesfet
> De cest monde, et por les péchiés
> Que Diex envoioit tex meschiez.
> Car sainte yglise n'est amée,
> Ne foy ne loyauté portée.
> Ainsi furent communément
> Tous païs batus malement.
> Si fu grant famine et grant fain,
> Et chierté de vin et de pain (2).

(1) Guill. de Nangis, *Chronic. Continuat.* (Ed. de la Soc. de l'Hist. de France), tom. I, pp. 421-422.

(2) Godefr., de Paris, *op. cit.*, pp. 282-283.

La disette fut telle, que le sextier de blé se vendit, à Paris, jusqu'à cinquante solz parisis de forte monnaie ; la même quantité d'orge valut jusqu'à trente sous, l'avoine dix-huit et davantage.

Nangis, qui nous fournit ces chiffres (1), constate que beaucoup de gens moururent de faim et de misère (2).

Le siège épiscopal de Rouen était alors occupé par l'archevêque Gilles Aiscelin, ou Asselin (dont le bon Noël Taillepied a lu le nom assez mal pour en faire *Gilles Anselmy*) : ce fut lui qui établit dans son diocèse la fête du Très-Saint-Sacrement de l'Autel. « La cause fut, dit le pieux cordelier, qu'il y avait unze mois qui n'estoit tombé de pluye sur la terre, dont advint si grande charté, l'espace de deux ans, que le peuple crioit à la faim. Adonc par le pape Urbain IV du nom, fut ordonné de célébrer ladite feste du Sacrement, et dedans les octaves advint, par la grâce de Dieu, que le bled ne valoit que vingt sols le septier ; et fut l'an mil trois cent dix-huit (3). »

Guillaume de Nangis fixe également à 1318 la fin de la grande cherté, qui avait commencé, selon lui, en 1315. Il ajoute que l'abondance revint presque inopinément par la permission de Dieu, et que l'on constata vers le même temps chez les femmes une fécondité insolite, chez les enfants une beauté exceptionnelle : *Sed et mulieres quam solito abundantius concipie-*

<hr/>

(1) Guill. de Nangis, *ibid.*, p. 426.

(2) *Ibid.*, p. 428.

(3) N. Taillepied, *Rec. des Antiq. et Singular. de la ville de Rouen* (édition de 1658), p. 159.

bant, et prolem gignebant elegantem (1). De là un accroissement de la population que constate M. Delisle, tout en faisant remarquer que l'hiver de 1316-1317 avait été très long et fort rigoureux (2).

Cinq ans plus tard, en 1321, il commença à geler très fortement la veille des Rois, c'est-à-dire le 5 janvier, et ce grand froid dura jusqu'au 15 mars. Vers la fin de février, tombèrent des neiges abondantes, qui durèrent jusqu'au 15 avril. Farin nous atteste ces faits (3); mais M. l'abbé Decorde a oublié de nous dire où il a lu qu'en 1323, la mer Méditerranée fut entièrement couverte de glaces (4). En tous cas, notre pays aurait été préservé de la rigueur du froid cette année-là; car le premier grand hiver que signalent nos chroniqueurs locaux après 1321 est celui de 1325, que mentionne le supplément manuscrit précité des *Chroniques de Normandie* publiées par le Talleur.

On y lit que, cette année-là (1325) : « furent si grandes gelées que Saine gela par deux foys, et si fort que toutes gens alloient par dessus ; et roulloit-on tonneaux de vin par dessus, tant estoit forte ; et quant il desgela, les glaçons estoient si fors qu'ilz rompirent les pontz de fustz [les ponts de bois] de Paris. Il nega tant et si longuement que les neges estoient encores à la

---

(1) Guill. de Nangis, *ibid.*, tom. II, p. 180.

(2) L. Delisle., *Etude sur la condit. de la classe agricole*, p. 639.

(3) *Hist. de la ville de Rouen* (édit. de 1738), part. I, p. 521.

(4) *Magasin Normand*, 4e année, p. 154.

Pâques (1) ». Notre anonyme mentionne seul d'ailleurs ce grand hiver de 1325.

En 1330, « la récolte des vins fut mauvaise, comme qualité et comme quantité, dans tout le royaume de France ; car, vers la S. Denys (c.-à-d. vers le 9 octobre), une très forte gelée survint au temps de la vendange, qui s'annonçait déjà comme devant être assez médiocre. Il s'ensuivit un tel dommage que les grappes ne purent dès lors arriver à maturité. La même année, en novembre et au commencement de décembre, des vents d'une grande violence soufflèrent presque continuellement ; les eaux fluviales s'enflèrent beaucoup par suite de la fréquence des pluies.

« A la suite de l'inondation, qui avait commencé avec le mois de novembre et se maintint au delà du commencement de mars, il y eut une telle sécheresse que, faute de pouvoir labourer les terres étrangement durcies, on dut laisser en friches un grand nombre de champs ». Ainsi s'exprime l'un des continuateurs de la *Chronique de Nangis* (2).

En l'absence de toutes références, nous signalerons simplement l'hiver de 1333, durant lequel M. l'abbé Decorde assure que l'on put se rendre de Lubeck en Danemark et sur les côtes de Prusse, en foulant à pied sec la mer couverte d'une telle couche de glaces qu'on avait pu établir des auberges sur la route (3).

(1) Supplém. manuscrit à l'exemplaire de la Bibl. munic. de Rouen, fol. 12.

(2) Edit. de la Soc. de l'Histoire de France, tom. II, pp. 119-123.

(3) *Magasin Normand*, loc. cit.

« L'an 1343, lit-on dans la *Chronique manuscrite*
déjà citée, fut si froid et si pluvieux que « a paine peult-
on cueillir les grains, et en demoura grande partie aux
champs ; les vins furent fort verts et aigres (1). »

Cette fois encore le chroniqueur rouennais mentionne
seul ces circonstances.

Mais nous avons plusieurs témoins de la rigueur de la
température en 1348.

On sait avec quel zèle et quelle activité les religieux
de Jumièges s'appliquèrent à la transcription et à la
multiplication des livres, depuis la restauration de
l'abbaye au xie siècle jusqu'à la diffusion de l'art
typographique. Héritière, plus ou moins légitime, de
l'abbaye, la ville de Rouen a recueilli dans sa bibliothèque municipale plus de manuscrits gémétiques que
l'année ne compte de jours ; un petit nombre seulement
parait lui avoir échappé. La plupart de ceux qu'on
retrouve dans d'autres dépôts publics semblent du reste
être sortis de Jumièges avant le temps où Montfaucon
dressa le catalogue des richesses scientifiques du célèbre
monastère.

Parmi ces volumes dispersés, il en est un qui, au xve
siècle, était entre les mains d'un érudit de Compiègne,
Jean le Féron ; plus tard il vint s'échouer à Berne, où
M. Delisle l'a vu. C'est une copie de Grégoire de Tours
et de Baudri de Bourgueil, remontant au xiie siècle.
Au fol. 139, on trouve une note assez intéressante, en
caractères du xive siècle, où il est fait mention : d'abord

(1) V. plus haut, p. 199, note 1.

de la **bataille de Crécy**, en 1346; puis de la prise de Calais, l'année suivante; enfin de quelques événements de l'année 1348.

« En cette huitième année, y lisons-nous, beaucoup furent ensevelis [la peste noire régnait alors en France]. Vers la fin d'avril, apparurent de grandes gelées avec une neige abondante et accompagnée de grêle. Le 15 mai, la pluie tombant en abondance, les eaux occasionnèrent soudain de grands dégâts à Pavilly, dont la féconde vallée fut dépouillée de beaucoup de ses charmes.

> Octavus sequitur, quo plurima gens sepelitur.
> Aprilis fine, magne patuere pruine;
> Nix recidit multa crucianti grandine fulta.
> Lorcque quindena maii, cadit imber habunde;
> Pavelly plene generant mala protinus unde;
> Wallis fecunde loca destituuntur amena (1).

Sans l'intéressante découverte de l'éminent directeur de la Bibliothèque nationale de Paris, on ne songerait guère sans doute à aller chercher à Berne des documents relatifs à l'histoire particulière et toute locale du bourg de Pavilly; mais on les retrouverait dans les *Nouvelles chroniques de Normandie* publiées par M. Chéruel (2).

C'est seulement en 1361 que nous voyons réapparaître un hiver long et rigoureux.

Le continuateur de Nangis nous apprend qu'en 1360, « il y avait une telle disette, de vins surtout et de fruits,

---

(1) L. Delisle, *Instructions adressées par le comité des travaux historiques, en 1890... Littérature Latine et Histoire du moyen âge*, p. 90.
(2) *Normaniæ nova chronica*, p. 33.

que la queue de vin ordinaire se vendait à Paris vingt-cinq florins et plus. Les cerises avaient manqué, le blé était peu abondant, et une pomme se payait de trois à quatre deniers (1).

« En 1361, au contraire, les fruits furent très abondants; mais la cherté se fit sentir jusqu'à leur maturité, car la saison d'hiver s'était fort prolongée, le printemps avait été sec et l'été assez tempéré. On mourait beaucoup à Paris, principalement les pauvres gens accourus des villages, d'où les chassait la faim, la pauvreté, le manque de toutes choses. Dans la seule Maison-Dieu de Paris, il y eut de sept cents à huit cents funérailles pour le printemps et l'été seulement. De même en Angleterre, la mortalité fut grande (2) ».

A la fin de la même année, l'hiver fut d'abord fort humide et d'une chaleur contre nature, au point qu'en diverses contrées beaucoup d'arbres fleurirent et même fructifièrent avant la fête de la Nativité ; mais alors la sève s'arrêta et les arbres, si précoces, ne firent plus aucun progrès, ni cette année, ni la suivante (3).

Pâques tombait le 17 avril de l'année 1362 : les arbres et les vignes avaient grande apparence ; on pouvait espérer de la fertilité en même temps que de la qualité. Mais, dans cette même semaine de Pâques, survint une

(1) Guillelm. de Nangis, *Chronic.* (édition de la Soc. de l'Hist. de France, tom. II, p. 317.

(2) *Ibid.* — « L'an mil ccclxj, ajoute la continuation manuscrite de Le Talleur, les vignes furent gelées et la pluspart étaient jà fleuries (fol. 14) ».

(3) Guill. de Nangis, *ibid.*, p. 319.

gelée si grave que toutes les vignes, tant en France qu'en Touraine et en Anjou, jusqu'en Lorraine et au-delà, furent détruites et anéanties, de même que les noyers et autres arbres à fruit. Si bien qu'à cause de la gelée, et de cet hiver humide et presque constamment pluvieux, le vin, les noix, les autres fruits firent défaut presque partout. Les blés aussi furent moins abondants. L'année se passa néanmoins sans de trop grandes souffrances, à cause des quantités de vin, de blé et d'autres fruits récoltés l'année précédente. Favorisées par la pluie, les avoines rendirent beaucoup (1).

En 1363, l'hiver, dit le même historien, fut horrible et de longue durée; une rude gelée sévit presque jusqu'à la fin de mars, avec des alternatives de neige; elle ne cessa guère, au dire de cet auteur, que dans les derniers jours du mois, après avoir atteint en beaucoup de localités les vignes jusqu'à la racine; elle dévasta également les noyers. En un grand nombre de pays, les agneaux et les brebis périrent de froid ou par manque de fourrage. La gelée pénétrait partout: « J'ai vu moi-même, écrit-il, dans des endroits voûtés et dans des caves profondes, où d'ordinaire la chaleur se conserve même en hiver, des pains et d'autres comestibles, couverts de paille pour éviter le froid, geler pourtant, malgré ces précautions, ce qui paraissait merveilleux (2).

On lit dans la *Chronique de Bertrand Du Guesclin* (3), qu'alors: « A Rolleboise, près de Mantes,

(1) *Chron. manuscrite, ibid.*, p. 320.
(2) *Ibid.*, p. 334.
(3) *Panthéon littéraire*, p. 17.

estoyent Navarrois en garnison, qui les destroit de Sayne et les ports gardoient, tellement que par la rivière ne descendoient à Rouen nulles marchandises. » Ils profitèrent des circonstances pour envahir le Vexin. Une *Chronique rouennaise* différente de celles dont nous avons déjà parlé, et que notre précieux confrère, M. Charles de Beaurepaire, a publiée à la suite de la *Chronique de Pierre Cochon* (1), raconte ainsi leurs exploits :

« *Item.* VIII jours devant Noël, l'an mil. ccc. LXIIJ, commencha une gellée si grandes que, puis C. anz au devant, si grandes ne furent. Et, le jour de la Sainct-Jehan, ès feriez de Noël, Saine fut gellée et prinse du tout jusques au VIIᵉ jour de février ensuiant ; tant que les Englois, qui, pour lors estoient logies à Roulleboise, XL hommes d'armes, tous à chevalz, menés par les pages par dessus la glace, passèrent outre l'eaue, et coururent sus le paiis, pillèrent et amenèrent prisonniers, et repassèrent la glace atout leur proie, sanz rien perdre, et se logèrent en leur fort de Roulleboise. »

La *Chronique normande des Quatre Premiers Valois* confirme et amplifie ces faits ; d'après elle : « En icelui an, courant la date mil trois cens soixante-trois, furent les plus grans gelées et le gregnieur yver que l'ont eust oncques veu ne ouy parler de plus de cent ans au devant. Et furent les rivières si fort engelées que les Anglois à grosses routes [c. à d. par bandes nombreuses] passèrent à cheval la rivière de Seine et coururent en

(1) Édit. de la Soc. de l'Histoire de Normandie, pp. 316-317.

Venguessin, et emmenèrent plusieurs prisonniers en leurs fortz, et rappassèrent par dessus la dicte rivière de Seine (1). »

On pouvait craindre le dégel ; mais le chroniqueur rouennais (2) constate qu'il « desgela si douchement, sanz pluyes, que l'on ne sut que la gelée fust devenue. Et dura ce jusques au XII° de mars (1364). Et vallut le blé XX s., XXX s. et XL sous la mine. Et puis ce temps amenda très grandement ».

Une tempête épouvantable marqua la fin de l'année 1367, car dans la nuit de la Saint-Luce (22 décembre) un tel vent d'Ouest s'abattit sur la Flandre, la Picardie et le Brabant qu'on ne se souvenait pas d'avoir rien vu de semblable. Il souffla toute la nuit, abattant nombre d'églises et de maisons, enlevant les tuiles et le chaume des couvertures de celles qui ne s'écroulaient pas. En sorte qu'au matin, nombre d'hommes, et surtout d'enfants, furent trouvés dans leur lit, écrasés sous les ruines des maisons démolies ou par la chute des cheminées. La plupart des moulins à vent furent renversés, ainsi que beaucoup de clochers ; la mer, rendue furieuse et chassée de son lit, envahit plusieurs villages, etc., etc. (3). Mais si la Picardie souffrit de ce terrible ouragan, nous n'en trouvons aucune trace dans les chroniques normandes ; il est donc assez probable que sa zone d'action ne s'étendit pas jusque-là.

(1) Édit. de la Société de l'Histoire de France, pp. 136-137.
(2) Voir plus haut, p. 505, note 1.
(3) Guil. de Nangis, *Chronic.*, tom. II, p. 375.

Environ dix ans plus tard, à la Saint-Martin d'hiver (11 novembre) 1376, de telles rafales de neige tombèrent sur la ville de Rouen, qu'au monastère de la Sainte-Trinité, autrement dit de Sainte-Catherine, les moines furent chassés du chœur par les éléments conjurés ; on dut célébrer la messe du matin et la grand-messe dans la chapelle de Saint-Pierre (1).

L'hiver de 1394-1395 fut principalement pluvieux. Le *Religieux de Saint-Denys* raconte qu'il tomba, en décembre et durant les deux mois suivants, une telle quantité d'eau, que trois fois dans l'année les fleuves du royaume de France sortirent de leurs limites, submergeant tous les lieux bas et détruisant les semences. Le commerce de la batellerie étant tout à fait impossible, on ne put ni importer ni exporter les marchandises (2).

Nous ne savons à quelle année de ce siècle il faut rapporter un document assez curieux, qui se trouve dans un manuscrit de ce temps-là aujourd'hui conservé à la bibliothèque municipale de Pont-Audemer (manuscrit 241).

Sur un des feuillets de garde, à la suite de l'ouvrage intitulé : *Distinctiones fratris* NICOLAI DE GORREN, on rencontre « une pièce de vers de huit syllabes, rangés deux par deux sur une même ligne, en forme de doubles-quatrains, au nombre de vingt-huit, dont voici le commencement :

---

(1) A. Chéruel, *Normann. nova chronica*, p. 34.

(2) *Chroniques de Charles VI*, liv. XV, chap. XV (Édit. de Bellaguet, tom. II, p. 246).

En la fin du bon temps de grâce,
Que pape et rois prinstrent leur place,
Nous fils nature une menace ;
Car yver ne fist froit de glace ;
Cause y a : l'en le doit savoir (1).

Nous ne trouvons aucune coïncidence dans les dates d'avénement des papes et des rois de ce siècle ; dès lors la clef de l'énigme chronologique proposée par le rimeur nous échappe complétement.

Si l'on songe que ce siècle, si maltraité par la nature, puisque l'on n'y compte pas moins de vingt hivers rigoureux, fut également éprouvé par le fléau de la guerre la plus longue dont les annales des peuples fassent mention, la fameuse guerre de cent ans ; si l'on songe que la peste noire, cet épouvantable fléau, décimait les populations en même temps que la famine ; on se demandera sans doute comment la nation française a pu supporter à la fois tant de maux et tant d'épreuves, sans être écrasée sous leur poids.

Mais combien l'étonnement redouble, lorsqu'en poursuivant l'étude de ce siècle si agité, on constate qu'il en est peu qui se soient traduits au dehors par un mouvement plus marqué d'expansion. Le XIVᵉ siècle, en effet, est un grand siècle commercial, comme nous l'avons déjà fait voir dans une étude sur le port de Harfleur ; c'est un grand siècle maritime, comme le prouvent les nombreux voyages des Dieppois au conti-

(1) *Catalogue des manuscrits des bibliothèques publiques des départements* (édition in-octavo). tom. III. pp. 123-124.

nent noir, peut-être même au Nouveau-Monde, dont,
en tous cas, ils montrèrent le chemin ; c'est un grand
siècle artistique, comme nous pouvons encore le constater de nos yeux, soit que nous les tournions vers la
splendide abside et les transepts merveilleux de Saint-
Ouen, soit que nous étudiions la double série de chapelles
dont il ceignit la Cathédrale, son riche portique des
Libraires, son beau portail de la Calende ; soit que
nous nous bornions à la visite de nos bibliothèques, de
nos musées, de nos trésors, qu'il enrichit de chefs-
d'œuvre si nombreux que quatre siècles de pillages, de
mauvais goût, de vandalisme n'ont pu suffire à les dé-
truire tous.

Cette vitalité puissante, s'affirmant si merveilleusement, ne trouve qu'une explication :

Les corps pouvaient souffrir en ces siècles de foi, mais
nos pères avaient des âmes ; et ni le fer, ni la faim,
ni le froid ne peuvent éteindre dans les âmes le feu
céleste de l'idéal chrétien.

Qu'on nous pardonne ces considérations, malheureu-
sement rétrospectives. Nous arrivons au xve siècle.

C'est un poëte normand qui ouvrira cette série
nouvelle, en nous parlant des derniers jours de l'année 1407 :

> Dieux ! qu'il fist grant hyver en icelle saison !
> Il a plus de cent ans que pareil ne vit-on.
>
> Douze sepmaines fu la grand gelée durans ;
> Tous les ponts de Paris ny ourent nulz garans,
> Ne de bois, ne de pierre : tous furent trébuchans.
> Ce fut au desgeler, tant fu la douleur grans ;

> Ce fu par les glaçons que fu le grand dommage,
> Qui aval l'eaue vindrent par si très grant oultrage
> Que ce qu'ilz atteignoient trébuchoit à hontage.
> Moult de gens y perdirent et meuble et héritage (1).

Le religieux de Saint-Denys, dans sa *Chronique latine de Charles VI*, publiée par les soins de M. Bellaguet, a consacré tout un chapitre à décrire ce grand hiver. On y lit qu'il eût fallu remonter jusqu'à cent lustres (c.-à-d. jusqu'à cinq cents ans) pour trouver un hiver semblable. Commencé à la Saint-Martin (11 novembre), il dura jusqu'à fin janvier ; on eut dit que les vents apportaient la gelée des quatre points cardinaux. Arbres fruitiers gelés jusqu'aux racines, gens et bêtes tués par le froid, les fleuves enchaînés par la glace, des puits même gelés malgré leur profondeur ; à tous ces points, communs à tous les grands hivers, il faut ajouter l'Océan, dont les flots tempétueux jettent les poissons sur le rivage en si grand nombre que, sur une étendue de côtes de deux cents milles et plus, les riverains de la Manche furent obligés de quitter leurs demeures, tant cet amas de pourriture engendrait une odeur fétide ; les autres hôtes de la mer s'étaient enfuis pour la même raison, et pour longtemps l'industrie des pêcheurs fut ainsi stérilisée.

On ne pouvait manger de pain sans l'avoir préalablement approché du feu ; il fallait une broche de fer pour tirer du vin des tonneaux.

---

(1) *Chronique rimée relatant divers événements de l'histoire de France.....*, publiée par A. Pottier, dans la *Revue rétrospective normande*, année 1837.

Au moment de la fonte des neiges, qui s'opéra soudainement avant le dégel de la terre, il y eut des inondations qui renversèrent de fond en comble un grand nombre de maisons et noyèrent beaucoup d'animaux domestiques, des chevaux même. Sur les principaux fleuves on vit se former des banquises de glaces qui se superposaient, et dont certains fragments offraient jusqu'à trois cents pieds de longueur sur une largeur égale, de véritables *ice-fields*, qui eussent rappelé les mers du Nord si alors on les eut connues ; dans leurs descentes impétueuses ils rasaient des îles entières, dont ils entraînaient les saules et les arbres avec eux ; beaucoup de navires furent aussi violemment entraînés loin de leurs points d'attache; les ponts s'écroulaient de toutes parts : à Paris, le pont Saint-Michel et le pont de bois furent renversés, quatorze boutiques de changeurs furent arrachées du Grand-Pont, et la ruine des moulins fit craindre un instant la famine, etc., etc. (1).

Le vieux chroniqueur rouennais, qui fait suite à Pierre Cochon, est plus bref dans son récit :

« En l'an mil. cccc. et vij, quinze jours devant Noël, commenchèrent unes gellées que, puis l'an mil. ccc. lxiij, ne furent si grandes. Et l'endemain de Noël, la rivière de Saine fu si gellée que, le dimence après la Thiphagne ensuiant, les gens aloient ribler et chouller, en travessant la rivière de costé en autre; tant, qu'il fu deffendu, de par le Roy, que plus (on) n'y allàst. Et estoit la terre

---

(1) *Chronicon Karoli sexti*, lib. XXVIII, cap. XXXII (édit. Bellaguet, tom. III, pp. 746-748) ; cf. *Magasin normand*, 4ᵉ année (1867), p. 155.

as chauz gellée de ij piés en la terre. Et après ce, en la my-janvier, commencha sur celle gellée unez negez si granz, qu'i n'estoit nul mémoire d'omme que si granz les eust veuez en son temps. Et pour ce que il gelloit tousjours et que la terre qui soustenoit la *noif*, estoit si fort gellée, la noif poudroit comme la poudre à Saint-Jehan d'esté.

« Si avint que le vendredy **xxvij**° jour du mois de jenvier, après disner, commencha à desgeller ; et le samedi ensuiant, si fort et si soudeinement que la terre estoit si fort *plommée* de gellée que l'eau ne povoit entrer ens ; et convenoit que l'eaue trouvast son cours. Si vint si grant ravine ès vallées et rivières par toute France et Normandie qu'il n'estoit plus de pitié de jour en jour, oir les plaintez de par tous pais que les dictes eauez faisoient, tant de moulinz, maisons, chaussiez, pons, bestez, hommez, enfantz, tout alant à val l'eaue. Et fut enchiés la végille de la Candeleur que la glace fu démonie. Et furent les iij ponz de Paris et les moulinz depechiez, et s'en aloient à val l'eau ; et n'est nul qui peut proisier le dommage qu'ils firent, n'y n'est trouvé en nullez croniques c'oncques les eaues faissent si grant dommage en royalme de France, nonobstant les eaues qui furent en l'an mil. ccc iiijxx et xvj., ne chellez qui furent l'an mil. cccc. et **LXIIIJ**., lesquelles furent plus hautez que icellez sans comproison (1). »

M. de Beaurepaire, dans son *Histoire* si remarquable *de la Vicomté de l'Eau*, mentionne un incident qui

---

(1) *Chronique normande de Pierre Cochon*, Appendice, pp. 329-331.

marqua cette année, surnommée à bon droit *l'année des grandes gelées* : « Cinquante-deux nefs chargées de harengs, de figues, de vins doux et autres denrées, destinées à être vendues de l'autre côté de la Seine, furent arrêtées par la glace dans la fosse de Leure. Le carême approchait et les marchands pouvaient craindre de manquer l'occasion favorable ; les marchandises furent donc transportées par terre ; les chariots traversèrent la Seine sur la glace au port de Jumièges (1). »

Le 5 septembre 1408, il tomba à Cormeilles, à Meulan et à Saint-Germain-des-Prés, quantité de grêlons, que le moine de Saint-Denys compare à des œufs d'autruche. En quelques instants, presque tous les animaux présents dans les champs furent tués, les oiseaux assommés, les vignes et les arbres à fruit écrasés (2).

En l'année 1422, raconte encore la *Chronique rouennaise* : « Fu tant habondanche de tous bienz universelement, tant blés, vinz si bonz et si fors que c'estoit grand merveille, et semblablement de touz frytages. Et fist si sec, cet esté, que les bonnes genz des hauz villagez ne povaient avoir point d'eaue, s'ils n'allassent ès riviérez. Et ainssy se passa le temps jusques en la my octobre. Environ le Pardon de Saint-Romain, commencha à geler et négier ; et fist si grant yver et si fel, que passé lonc temps, l'en n'en avoit [vu] si grant, ne si long ; et

(1) Ch. de Beaurepaire, *De la Vicomté de l'Eau*, p. 29.

(2) *Chroate. Karoli serti*, lib. XXIX, cap. XV (édit. Bellaguet, tom. IV, p. 88)

dura ce tempz jusques à mois de may l'an mil. cccc. xxiij. (1). »

On s'explique malaisément, après cet hiver prolongé, ce qu'écrit notre chroniqueur quelques lignes seulement plus loin : « Et en ce temps avoit si grant quantité de fruytage et de poirez, pommes, péré, sidres, vin de Quonyourt, que c'estoit grant beauté. Et en ce temps toutes les fleurs dez arbrez furent toutes *bruyes* de gellée à Pasques. cccc. xxiij. (2). » Il doit y avoir là quelque confusion, difficile à débrouiller, soit dans ses souvenirs, soit dans la disposition de son texte manuscrit.

Dix ans plus tard, l'an 1434, a écrit Jean Nagerel dans sa *Description du pays et duché de Normandie* (3), « fut décapié et escartelé à Rouen un grand seigneur d'Angleterre, pour larrecin et autres maulx par luy faicts, lequel estoit nommé Venérable ; et fut la vigile de Saint-Andrieu (29 novembre).

« Ce dict jour, pleut fort merveilleusement, et la nuict ; en telle manière que les bleds demeurèrent soubz les glaces [sans doute parce qu'il gela immédiatement après la pluie] : l'hyver dura depuis la S.-Andrieu (30 novembre) jusques à Pasques, et de ce commença la cherté ; et durant celle cherté, la mine de bled, mesure de Rouen, valloit quatre saluts d'or à Rouen. Grand nombre de peuple mourut par guerre, après par famine, le tiercement par mortalité. »

(1) Append. à Pierre Cochon, p. 346.
(2) *Ibid.*, p. 347.
(3) Édit. Le Mégissier (1589).

La *Chronique* inédite *de Saint-Wandrille* (1) indique en outre, pour cette année, une tempête fort violente, *ventus vehementissimus*. Et M. l'abbé Decorde ajoute qu'il gela durant trois mois et neigea quarante jours, sans discontinuer. En un seul endroit, on trouva 140,000 oiseaux morts de froid (2). Il faut en croire sur parole celui qui les recensa.

Robert Gaguin a noté l'hiver glacial et rigoureux de 1449 (3).

Arthur Du Moustier raconte qu'en 1457, de grands pèlerinages d'enfants, tant d'Allemagne que de Brabant, se rendirent au Mont-Saint-Michel, bien que le froid sévit cruellement (4). Æneas Sylvius (5), auteur assez suspect, il le faut bien avouer, assure que, dans ce même hiver, mais en 1458, une armée de 40,000 hommes dressa son camp sur le Danube gelé. Singulière préférence de la part du général.

L'hiver de 1460 fut excessivement rigoureux, au dire de M. Périaux (6).

« En l'an 1464, raconte la vieille *Chronique* qui fait suite à Le Talleur (7), fut hyver si grand que pain et vin geloient à la table, et dura depuis le Xᵉ jour de décembre jusques au Xᵉ de febvrier ; et disoient que

(1) Bibl. nat. de Paris, ms. lat. 12780.

(2) *Magasin normand*, 4ᵉ année, p. 155.

(3) Cité par N. Périaux, *Hist. de la ville de Rouen*, p. 193.

(4) *Neustria sancta*, ad 16 octobris ; Bibl. nat. de Paris, ms. lat. 10051, fol. 293.

(5) Cité par M. l'abbé Decorde, *Magasin normand*, 4ᵉ année, p. 155.

(6) *Hist. de la ville de Rouen*, p. 201.

(7) Fol. 20 verso.

longtemps n'avoit esté tel, et mouroient les gens par les champs ».

Philippe de Commines, qui, en 1468, avait accompagné son maître, le duc de Bourgogne, en Hainaut, fut témoin à Franchemont des tristes suites de l'hiver : « J'y vis, dit-il, choses incroyables du froid. Il y eut un gentilhomme qui perdit un pied, dont oncques puis ne s'ayda : et y eut un page à qui il tomba deux doigts de la main. Je vy une femme morte et son enfant, dont elle était accouchée de nouveau. Par trois jours fut départis le vin, qu'on donnoit chez le duc pour les gens qu'en demandoient, à coup de coignée ; car il estoit gelé dans les pipes ; et falloit rompre le glaçon, qui estoit entier, et en faire des pièces que les gens mettoient en un chapeau, ou en un pannier, ainsi qu'ils vouloient. J'en dirois assez destranges choses, longues à escrire ; mais la faim nous fit fuyr a grande haste (1). »

Farin signale l'hiver de 1480-1481, qui commença le lendemain de Noël par une forte gelée, et dura jusqu'au 5 février ; il gela toutes les vignes. Aussi appelat-on cette année-là *l'année du grand hyver*. Une grande famine s'ensuivit : la mine de blé valut à Rouen jusqu'à quatre livres (2). Le *Chroniqueur de Saint-Wandrille* entendit même raconter que des gens étaient morts de faim en plusieurs lieux qu'on lui cita (3).

Nous sommes tenté de rapporter à cette *année du grand hyver* les strophes suivantes de J. Molinet, qui,

(1) *Hist. de la ville de Rouen* (édit. de 1738), 1re partie, p. 251.
(2) Périaux, op. cit., p. 215.
(3) Bibl. nat. de Paris, ms. lat., 12780.

après Georges Chastelain, continua sa chronique rimée intitulée : *Recollection des merveilles advenues en nostre temps.*

> J'ai veu en haut estaige
> Des Cordes le Seigneur,
> Povre de son portaige.
> Mais puissant gouverneur.
> Il tint en sa demaine
> De fleurs de lys le neud;
> Puis le temps Charlemaine
> Homme si grant bruit n'eut.
>
> Les oiseaulx s'expantèrent
> Son corps mis à l'estrain;
> Les fleuves en saulèrent
> Hors de leur commun train ;
> Les gros vents tant soufflèrent,
> Tant grésilla et plut,
> Que vignes engellèrent,
> Dont fort il nous desplut (1).

La *Chronique de Saint-Wandrille* mentionne encore une grande gelée qui dura jusqu'au mois de juin 1490 (2). Une comète était apparue vers le temps de l'Epiphanie.

Des froids extraordinaires se seraient fait sentir, d'après M. Périaux, durant tout l'hiver de 1492 (3).

Mais la plus triste page que nous ayons à transcrire dans le cours de ce travail est certainement celle par

---

(1) Buchon, introd. à la *Chronique rimée de G. Chastelain,* dans le *Panthéon littéraire,* p. lvij.

(2) Loc. cit.

(3) Op. cit., p. 221.

laquelle nous avons à clore l'histoire du froid au xvᵉ siècle. Nous l'empruntons à Taillepied :

« Ce dit an (écrit-il, sous la date de 1500), le dit seigneur légat [Georges I d'Amboise] impetra du Pape le pardon du Jubilé pour tous les manans et habitans de la cité de Rouen, et pour tous ceux de son diocèse. La teneur d'un des articles du dit Jubilé, contenoit qu'il falloit ouyr une messe solennelle célébrée en l'église nostre Dame de Rouen par le dit Seigneur, ou par quelque personne idoine, au plaisir du dit Seigneur et à tel jour qu'il lui plairoit. Et pour ce que l'église n'estoit pas suffisante à recueillir le peuple, combien qu'elle soit grande et assez ample, il suffisoit d'estre hors qui ne pouvait entrer dedans, en bonne dévotion durant la dite Messe. Et alors que ladite Messe se commença, fut tintée une cloche durant la dite Messe. Et fut par le dit Seigneur constitué à dire la Messe monsieur l'Évêque de Coutances, le jour de la Conception Notre-Dame (8 décembre). Et aussi, en après falloit visiter par 7 jours les quatre églises qui ensuyent : Notre-Dame de Rouen, les Célestins, les sœurs Collettes de Sainte-Claire, et les Amurées hors le pont. Et chacun jour visiter les quatre Églises, en disant cinq *Pater noster* et *Ave Maria*. Tant de peuple arriva à Rouen pour gaigner le dit pardon, que les gens estoient jusques devant la verde maison et bien près de la rue du Bec. Aussi, du costé des Libraires jusques à Saint-Nicolas d'Albane et la maison de l'Archevêché, et depuis la Calende jusqu'à la Vieille-Tour. Et les gens qui estoient à genoux au cemetière, quand ceux de l'Église saillirent, ne se sçavoient lever, pour raison de la glace de la fonteine qui estoit auprès du grand portail de la dite Eglise Notre-Dame, et couroit au travers du dit cemetière. Ceux mesme qui leur cuidoient aider a lever aucune fois tomboient dessus eux. Et ceux qui sailloyent de l'Eglise ne se pouvoient arrester pour ceux de derrière eux ; tellement qu'il y eust six à sept vingts personnes (120 à 140 personnes), tant hommes que femmes tuez et plusieurs rendus si estropiets qu'oncques puis ne se peurent aider de leurs membres (1) ».

On ne pouvait guère prévoir cet épouvantable désastre, car ce ne fut que dans la nuit qui précéda le 8 décembre que, les conduites de la fonteine s'étant trouvées obstruées, les eaux se répandirent en nappes sur le pavé.

Les *Registres capitulaires*, qui mentionnent ce triste événement, ajoutent que le lendemain un service solennel fut célébré par l'Évêque de Coutances, à l'occasion des funérailles des malheureuses victimes. Le cortège funèbre sortit par la porte de la Calende et rentra par le grand portail : malgré les malheurs de la veille, la foule était encore ce jour-là si compacte et tellement pressée dans l'église qu'on dut fermer les grilles du chœur pour y célébrer l'office, car il eut été envahi par cette marée humaine.

On a droit de s'étonner qu'un fait aussi remarquable de *l'Histoire de la Cathédrale* n'ait pas même été mentionné par quelques-uns de ses historiens.

Nous sommes relativement pauvre en documents

(1) N. Taillepied, *Recueil des Antiq. et Singular. de la ville de Rouen* (édit. de 1658), pp. 187-188.

pouvant nous renseigner sur la température hivernale au XVIe siècle.

Ce n'est pas que les historiens se raréfient à cette époque ; elle voit, au contraire, apparaître, ou du moins se développer, un genre de littérature peu cultivé jusque-là : les *Mémoires particuliers*, sources fécondes pour l'histoire locale, mais émanant pour la plupart d'hommes de robe ou d'épée, plus curieux de récits de batailles et d'intrigues diplomatiques que de faits se référant à la vie intime du pays.

Quant aux hommes d'église et aux moines, menacés par la Réforme dans leur tranquillité et dans leur existence, ils n'avaient plus la liberté d'esprit ni le loisir nécessaire pour vaquer à la rédaction de ces chroniques toutes locales où les faits accomplis à l'ombre du clocher prenaient souvent plus d'importance que l'écho de guerres lointaines ou d'événements politiques, dont on sentait à peine le contre-coup.

D'ailleurs, il le faut bien avouer, nos études personnelles ne se sont guère portées sur la période historique qui suit l'expulsion des Anglais, vers le milieu du XVe siècle, et l'absorption définitive de la Normandie par la France, car notre province cesse dès lors d'avoir une existence à part et une vie indépendante.

La partie de notre travail afférente au XVIe siècle risque donc d'être moins complète que celles qui l'ont précédée, et c'est pour nous un devoir d'en avertir le lecteur.

Après la fatale clôture du jubilé de 1500, les historiens de la province nous signalent pour la première fois un grand hiver en 1507.

Cependant Robert Macquéreau, le dévoué chroniqueur de la maison de Bourgogne, fournit une date intermédiaire pour le littoral de la Manche.

Racontant « comment Philippes, roy de Castille, se délibéra avec sa femme d'aller en Espagne, où par fortune et tourment de mer arriva en Angleterre », il explique en ces termes ce singulier voyage :

« Le roy avait tousjours son désir que ses besoignes fuissent prestes au port d'Armue (Armuyden), en Zélande ; et si tost qu'il eut bon vent, sans plus attendre, combien qu'il fist malvais temps et que chescun lui desconsilloit, néantmoins se party, le huitième jour du mois de janvier mil chinq cens et chinc, du dit port d'Armue, en ung noble arroy, en prendant congié de ses amis... Ainsi se party le roy. C'estoit plaisir à oïr les trompettes, clarons, et aultres instrumens, et l'artillerie que on desseroit (déchargeait). Si tost que le roy fu sur la mer, incontinent le vent se retourna ; tellement que au soir fut reboutté jusques au havre de Fleschines (Flessingue), où ilz furent deux nuitz. Il faisoit le plus divers temps qu'il n'avoit fait de vingt ans sur la mer, de neige et de grésil ». Le roi se refusa pourtant à prendre terre, et, à la première éclaircie, reprit vaillamment sa route. A peine était-il au large que la tempête se releva, puis le feu prit sur le navire. Secoué par tant d'émotions, le royal couple se trouva fort heureux de relâcher en Angleterre au lieu d'arriver en Espagne.

La violence de cette tempête ne se fit pas sans doute

beaucoup sentir au-delà du littoral, puisqu'aucun écrivain normand n'a noté comme exceptionnel l'hiver de 1505. Par contre, M. Périaux qualifie de « très rigoureux » celui de 1507 (1).

La crainte d'un accident semblable à celui de 1500 détermina alors la ville et le Chapitre de Rouen à déplacer la fontaine de la place Notre-Dame, trop rapprochée du grand portail. La démolition s'accomplit en 1508, mais la reconstruction ne fut totalement terminée qu'en 1522 ou 1523 (2).

En 1512, le temps avait été si complètement défavorable pendant le mois de janvier, que l'on écrivit à Louis XII pour obtenir de lui la permission de transférer au besoin la foire de la Chandeleur compromise par le mauvais temps, par les nombreux glaçons que charriait le fleuve, par la gelée, par les grosses eaux.

Le Parlement devait, comme toujours, enregistrer ces lettres-patentes, mais il était chargé en outre d'intervenir dans leur application. Il autorisa donc le déplacement de la foire, puis il en fixa la date d'abord au 12, puis au 19 février 1513 (3).

MM. Périaux et de Duranville attribuent, il est vrai, cet arrêt du Parlement à l'année 1516, mais il est de toute évidence qu'il s'est glissé chez le premier une

---

(1) *Hist. de la ville de Rouen*, p. 227.

(2) Ch. de Beaurepaire, *Notes sur le parvis de la Cathédrale de Rouen*, dans le *Précis des travaux de l'Académie des Sciences, Belles-Lettres et Arts de Rouen*, année 1876-1877, p. 320.

(3) L. de Duranville, *Les Foires de Rouen*, ibid., année 1878-1879, p. 248 ; N. Périaux, *Hist. de la ville de Rouen*, p. 251.

faute typographique, que le second a eu le tort de reproduire.

On sait d'ailleurs qu'il y eut : « L'an mil cinq cens et XIII, grant yver ; tellement que la rivière fut si fort gelée que l'on passoit par-dessus, et au dégel abattist plusieurs ediffices, et fut le boys fort cher (1). »

De même en 1517 : « La Seine se trouvant prise par les glaces, le 18 novembre, le bois devint rare. Il fut enjoint par la Cour au bailli de Rouen et aux enquêteurs de faire exécuter les ordonnances de police relatives à la vente de ce combustible et à sa distribution égale au pauvre peuple sur les quais (2). »

Il n'est pas rare de rencontrer dans les arrêts du Parlement des preuves de ce souci des conseillers pour les pauvres, attesté par des mesures de protection édictées ou rappelées en leur faveur. Ce serait donc grande injustice que de croire à l'indifférence de cette haute magistrature pour les souffrances du petit peuple.

M. Périaux attribue à l'année 1522 un hiver très rigoureux ; en quoi il se trouve d'accord avec la *Chronique manuscrite* jointe au livre de Le Talleur (3). Mais c'est seulement à l'année suivante que Taillepied et Farin le reportent.

---

(1) *Chronique manuscrite*, à la suite des *Cronicques* de Le Talleur, fol. 22 verso. — C'est alors que l'on commença à chanter à l'élévation la fameuse strophe de saint Thomas-d'Aquin : *O salutaris Hostia, quæ cœli pandis ostium !*

(2) N. Périaux, op. cit., p. 249.

(3) Fol. 23-24 verso.

« L'an 1523, dit le premier, les bleds furent gelez le jour de la Saint-Martin d'hiver (1). »

« Le froid, ajoute le second, commença à la Saint-Martin, et dura fort longtemps. Les blés furent perdus par suite des fortes gelées ; on n'en recueillit pas une gerbe dans tout le Vexin, de sorte qu'il valut jusqu'à quatre livres la mine, mesure de Rouen (2). »

C'est à ce dur hiver sans doute que le poëte Guillaume Thibault fait allusion dans une ballade qu'a insérée le célèbre voyageur Thomas Frognal Dibdin dans son *Voyage bibliographique archéologique et pittoresque en France* (3) :

> L'an passé, en terre gellée
> Ble fut si rudement traicte,
> Que aujourdhuy par la grande gelée
> Nous souffrons au ble la charte :
> Mais, devant que tout fust gaste,
> Dieu retint en certaine place
> Contre froid qui s'est trop haste
> La terre rendant ble de grace.
>
> . . . .
>
> Par la terre ainsy desolée
> Vint fain au peuple supplian :
> Par l'autre l'ame est consolée
> Du ble que grace y va plantant.

(1) *Hist. de la ville de Rouen* (édit de 1738), 1re partie, p. 530.

(2) N. Taillepied, *Recueil des Antiq. et Singul. de la ville de Rouen* (édit. de 1658), p. 207.

(3) Édit. Crapelet, tom. I, p. 159. — L'original est conservé aux archives de l'Académie des Sciences, Belles-Lettres et Arts de Rouen, dans le *Premier recueil des Palinods*.

Ble en l'yver fut desplante :
L'autre est toujours fertile et grasse,
Preste a donne fruict a plante,
La terre rendant ble de grace.

En 1541, le Parlement dut ordonner, par arrêt du onze janvier, « qu'à cause de la grande froidure et du verglas, chacun sera tenu de semer pailles et fientes [c.-à.-d. fumier de cheval] devant sa porte (1). »

Comme deux siècles auparavant, en 1315, les ordres religieux firent des processions pour obtenir de Dieu « qu'il fît cesser l'indisposition du temps, et le grand dommage advenu aux fruits de la terre à raison des pluyes, gresles et autres mauvais temps (2). »

Trois ans plus tard, 1544, l'hiver sévit de nouveau et occasionna la famine. Déjà la peste désolait la cité; l'assemblée des notables, unissant ses efforts à ceux du Parlement, qui avait nommé un bureau pour aviser un soulagement des pauvres, on forma une chambre spéciale dont, par la suite, le nom fut modifié, en même temps que ses attributions ; ce fut d'abord la *Chambre de police générale et du Lieu de Santé*, puis le *Bureau des pauvres valides* (3).

Er 1552, « l'empereur Charles-Quint ayant, au plus fort de l'hiver, assiégé Metz avec plus de cent vingt mille hommes, la ville fut défendue avec une rare énergie par le vaillant duc de Guise, avec lequel six princes du sang s'étaient renfermés dans la place. On faisoit des

(1) N. Périaux, *Hist. de la ville de Rouen*, p. 272.
(2) *Ibid.*
(3) *Ibid.*, p. 277.

sorties fréquentes, et toujours assez meurtrières : or, on s'aperçut qu'un petit nombre de blessés seulement échappaient à la mort ; si bien qu'on crut un instant que les médicaments étaient empoisonnés. Averti de la situation, le roi fit entrer dans la ville le fameux chirurgien Ambroise Paré, qui reconnut bientôt « qu'il « n'y avait point de poison ; mais les grands coups de « coutelas et d'arquebuzes, et l'extrême froid, estoient « cause de l'empirement des blessures (1). »

De même, dix ans plus tard, en 1562, aux batailles de Dreux et de Saint-Denys, qui furent livrées en hiver, bon nombre de blessés périrent ; ce que le même Paré attribue principalement « à la nature des parties bles- sées, à la température des malades et surtout au froid. Car le froid, ajoute-t-il, rend les playes difficiles à guérir ».

Au siège de Rouen, les mêmes effets sont signalés par lui comme une conséquence de la mauvaise disposition de l'air, « qui fit que les navrez (blessés) estoient très difficiles a guarir, et souvent mouroient de fort petites plaies, quelque diligence que les médecins et chirur- giens y pussent faire... En sorte qu'aucuns estimoient que les ennemis avoient empoisonné leurs balles. Ils disoient autant de nous (2). » Ce sont de ces accusations que se renvoient souvent les partis en présence, mais que les hommes modérés et de bon sens n'acceptent guère.

(1) *Les OEuvres d'Ambroise Paré* (Paris, 1628, in-fol.), p. 1207 ; cf. *La Semaine des Familles*, année 1885, p. 332.

(2) A. Paré, *ibid.*, p. 1221 ; cf. *Sem.*, pp. 550 et 551.

En 1564, le 21 février, à la suite des grandes gelées, il y eut une inondation qui causa les plus grands dégâts. La Seine, sortie de son lit, désola et ruina tous les abords de Rouen. Quinze jours plus tard, le 7 mars, trois arches du vieux pont s'écroulèrent; plusieurs bâtiments périrent, et beaucoup de marchandises furent entraînées ou gâtées par les eaux. On répara le pont tant bien que mal, pour le passage des personnes; mais il fallut organiser deux bacs pour le transport des voitures, qui s'embarquaient non loin de l'église Saint-Cande. C'est depuis lors que la porte Saint-Cande prit le nom de porte du Bac (1).

Un incident singulier marqua l'année 1587; Philippe Josse le narre ainsi dans son *Journal historique*, publié par les soins de M. Sarrazin (2): « Ceste année là fut si intempérée qu'encore la veille de la Saint-Jean-Baptiste, qui est le 23e jour de juin, fut veu de la gelée blanche sur les herbes et arbres, chose que j'estime n'avoir jamais été veue. La pluie estoit aussi grande et assidue, que, s'il faisoit beau temps un jour, il en faisoit deux de pluie. »

On a parfois cité comme froid et pluvieux l'hiver de 1591-1592 (3); n'est-il pas permis d'en douter en constatant le silence profond que garde à cet égard le capitaine Valdery dans son *Discours du siège de la ville de Rouen*, où il est entré cependant dans les détails les plus minimes de tout ce qui se passa du 11 novembre

(1) Périaux, *Hist. de la ville de Rouen*, p. 309.

(2) Page 28.

(3) Périaux, op. cit., p. 352.

1591 au 20 avril 1592. Nul doute qu'il n'en eût parlé, si vraiment les intempéries avaient rendu la défense plus pénible ; or il n'y fait pas même une allusion quelconque dans son résumé des souffrances qu'eurent à subir les assiégés.

La dernière année de ce siècle fut très dure pour les pauvres ; car « l'hiver fut très froid. Le prix du vin augmenta : les taverniers le vendaient en février six et même huit sols le pot, malgré les efforts du Parlement », alors que précédemment le meilleur vin était vendu cinq sols (1).

Peu de personnes connaissent sans doute : « *Le Calendrier historial, où on voit les choses les plus mémorables adrenues depuis la Création du Monde jusque à la présente année mil six cens dix-huit* ». C'est un petit in-32 de 44 feuillets non paginés, plus la liste des foires, qui occupe 4 feuillets. Il se vendait : « *A Rouen chez Louys Ducastel, au portail des Libraires.* »

L'article le plus long du *Calendrier Historial* est le récit de l'hiver à Rouen, en 1607. En voici la transcription :

« L'an 1607, le 18 décembre, commença l'Hiver, avec une telle rigueur de froidure qu'il ne s'en est veu de pareil de mémoire d'homme (1618), et avec une si longue continuation que la rivière de Seine fut prinse de glace et scellée presque tout le long de son cours, l'espace de

(1) Périaux, *ibid.*, p. 376.

plus d'un mois ou environ ; de telle sorte que les bas-
teaux et voitures ne pouvoient apporter marchandises
ny autres commoditez, ains un chacun passoit à pied
sec par dessus, comme par miracle, et pour en garder la
mémoire ; et n'estoit pas que les bœufs, brebis et autres
bestiaux, et bestes de voiture, avec leurs sommes
mesmes, jusques aux charrettes chargées, n'y passas-
sent ; et fut icelle froidure si rude et aspre que plusieurs
personnes en sont mortes en leurs maisons, et autres
par les chemins, à cause de sa grand' rigueur et de la
quantité des neiges, qui ont resté fort longtemps à se
dissoudre et fondre, et mesmes plusieurs ont perdu les
pieds et jambes et les doigts ; et a esté le bois à prix
excessif, de sorte que les bois ont esté abandonnez aux
pauvres gens ; et a duré et continué icelle rigueur plus
de six sepmaines, et pouvons à bon droit l'appeller le
grand Hyver ».

M. l'abbé Decorde, dans le *Magasin Normand*,
4ᵉ année, p. 155, remarque, après G. Peignot, que
Mézeray a décrit l'hiver de 1608, durant lequel un
grand nombre de personnes périrent par le froid....
« Le 23 janvier, on servit à Henri IV du pain gelé, qu'il
voulut manger sans qu'on le dégelât (1). »

Ce même jour (23 janvier 1608), « on ressentit à
Rouen de fortes gelées, qui endommagèrent les monu-
ments publics. A cause des glaces qui couvraient la
Seine, les bateliers faisaient payer cher le passage
du fleuve ; le Parlement donna l'ordre aux Éche-

(1) Périaux, *ibid.*, p. 387.

vins de préposer des bateliers pour passer le pauvre peuple pour rien. » L'ouverture de la foire de la Chandeleur fut encore retardée.

Toute la France eut à souffrir, car il parut à Lyon une petite plaquette, réimprimée en 1834 et tirée seulement à 50 exemplaires, sous le titre de : *Grand discours sur l'accident des glaces advenu le dimanche 3 febvrier 1608, et dont la ville a esté préservée de plus grands malheurs par le miracle d'un tailleur.* (Catalogue Claudin, n° 60,427.)

En 1613, des ouragans terribles marquèrent le mois de janvier; mais en somme la saison fut des plus tempérées, puisque Philippe Josse n'hésite pas à déclarer que : « C'est an a esté hors de saison, depuis le premier jour de l'an jusqu'au mois de febvrier ou environ ; le temps doux, serain, chaud, comme s'il eust esté le mois de juillet; et non sans pluyes, qui furent en abondance, qui causèrent plusieurs grandes avalasses (1). »

Les hivers de 1621-1622 et de 1622-1623 furent des plus froids. La rigueur de la saison fit augmenter tellement le prix du blé, qu'en 1623 le pays fut menacé d'une disette redoutable. Et cependant la peste, qui régna si souvent à Rouen, durant ce siècle, non seulement ne cessa pas, mais causa des ravages de plus en plus violents, jusqu'en 1625 (2).

La Seine charriait tant de glaces en janvier 1634, que l'on se vit obligé de reculer jusqu'au 8 mars l'ouver-

(1) *Journal historique* précité, p. 37.
(2) Périaux, op. cit., p. 417.

ture de la foire, qui aurait dû commencer le jour de la Chandeleur (2 février). Les marchandises n'arrivaient pas ; quelques embarcations, qui se flattaient de remonter le fleuve, furent, le 4 février, brisées contre le pont de bois (1).

Malgré le froid, l'année suivante, 1635, la foire s'ouvrit au jour réglementaire ; mais, le 9 février, les glaces se ruèrent si furieusement contre le pont, qu'elles le rompirent sur plusieurs points et en emportèrent les débris ; il fallut renvoyer au 23 et jours suivants les six derniers jours de la foire (2).

La peste, qui régnait de nouveau mais qui semblait s'être apaisée au commencement de janvier, reparut au moment même où se produisait la débâcle, c'est-à-dire le 8 février, d'après le *Journal* de Josse (3).

Au Havre, « une grande citadelle, » pour parler comme ce chroniqueur, fut emportée par les eaux : il s'agit sans doute d'un fort ou d'un bastion établi vers l'embouchure de la Seine. A Maromme, plusieurs personnes périrent victimes d'une crue subite, qui emporta un moulin et plusieurs autres maisons (4).

Ces divers accidents firent qu'en 1636 et en 1637, on eut la sage précaution de démonter et diviser le pont pour en mettre à l'abri les diverses parties. L'événement prouva que ces mesures de bateaux n'avaient

(1) Périaux, *ibid.*, p. 441.
(2) *Ibid.*, p. 443.
(3) Page 55.
(4) Périaux, *ibid.*, p. 56.

rien d'exagéré ; car, comme on crut plus tard pouvoir s'en dispenser, en janvier 1638, plusieurs bateaux furent enfoncés par le choc violent des glaces (1).

En l'année 1640, raconte encore Philippe Josse, « il n'y a point eu d'estrennes, ny chanté : Le roi boit ! En la maison de ville, n'y eut point de gâteau party [partagé], ni l'endemain à diner ; ce que j'estime depuis cinquante ans n'avoir esté. Les petits-enfants (poursuit-il) en pourront dire des nouvelles, lorsqu'ils auront atteint l'âge d'hommes ; ils pourront dire qu'ils n'ont point chanté : « Le roy boit ! » comme aux années précédentes (2) ».

Et pourquoi donc cette grave infraction aux us et coutumes séculaires ? C'est que, trois jours avant la vigile des Rois, où d'ordinaire le gâteau « se partissait » à la maison de ville, le chancelier Séguier était entré à Rouen avec une suite nombreuse, pour punir la fameuse sédition des « Nu-pieds ». La terreur régnait partout ; et, l'intensité de l'hiver venant accroître les maux qui menaçaient les citoyens de Rouen, chacun tremblait dans sa demeure. On ne savait d'ailleurs comment faire face aux nécessités des pauvres, en même temps qu'aux lourdes charges imposées à la ville rebelle.

En 1656, nouveau retard de la foire de la Chandeleur. Le Parlement, craignant sans doute qu'on ne lui fît un crime de ces troubles apportés aux habitudes du commerce, avait admis la Cour des Comptes à délibérer avec

(1) Périaux, *ibid.*, p. 449.
(2) *Journal historique* précité, pp. 75-76 ; cf. Périaux, op. cit. p. 453.

lui. On ne pouvait hésiter, dans l'intérêt même des marchands (1).

En 1657, l'hiver fut rigoureux ; la Seine resta couverte de glaces pendant plus d'un mois (2).

C'est au consciencieux annaliste dieppois David Asseline (3) que nous emprunterons le tableau de l'hiver de 1658-1659.

« L'année 1658, écrit-il, une gelée extraordinaire estant survenue, quelques-uns nous ont donné sujet d'en parler. Elle commença le 23 de décembre de cette année et continua jusqu'au 19 de février de l'année 1659, avec une aspreté si extrême qu'elle rendit, au temps que la marée estoit basse, l'eau du port assez ferme et assez solide pour soutenir plusieurs personnes qui la passèrent à pied sec vis-à-vis de la porte de la Vase. Ce ne fut pas tout : elle fit mourir un très grand nombre de poissons dans le sein de la mer, laquelle, ne pouvans les souffrir, non plus que les autres corps morts, les jetta bientost après sur les bords de son rivage. Cette excessive rigueur du froid mortifia seulement les oyseaux de passage et de rivière, aussi bien que ceux de la campagne ; mais ce fut de telle sorte qu'ils perdirent tous beaucoup de leur vigueur naturelle, et qu'à faute de cœur, ils se laissèrent approcher et tuer aisément par les chasseurs. Une prodigieuse espaisseur de neiges cou-

(1) Périaux, *ibid.*, p. 477 ; De Duranville, *Les Foires de Rouen*, p. 251.

(2) Périaux, *ibid.*

(3) *Les Antiquitez et Chroniques de la ville de Dieppe*, tom. II, pp. 302-303.

vroit cependant le pays voisin, où il y eut beaucoup de désordres et de dommages; car, le temps s'estans adouci et modéré et le chaud ayant succédé au froid, elles produisirent des déluges d'eaux, dont les inondations emportèrent des maisons, des bestiaux, et tout ce qui s'opposoit à leur cours violent et précipité. »

Cet hiver cependant aurait été plus doux en Normandie qu'en Danemark, s'il est vrai, comme on le raconte, que « Charles Gustave, roi de Suède, put traverser sur la glace un bras de mer d'une largeur de 28 kilomètres, à la tête d'une armée de 20,000 hommes, avec artillerie, chevaux et bagages, pour aller assiéger Copenhague (1) ».

Précisément cette année-là, au Puy des Palinods de la ville de Rouen, aucune pièce en langage purinique n'avait été présentée; l'auteur de la *Muse normande*, pour excuser le retard qui l'avait empêché de produire un des ses chefs-d'œuvre grotesques, s'en excuse en ces termes dans l'épitre « au langage plaisamment solennel » dont il a fait précéder les « *Estrenes de la Muse normande, dédiées au Super-Eloquentissime Mouqueux de Candelle des Palinots* » : « On vous les eut plûtost présentées; mais la rigueur des temps, qui glace l'encre et les caractères, ont donné cet empeschement. Non pas qu'on l'ait défendu, comme aucuns l'ont voulu dire; car ma Muse n'est point esclave, et peut paroistre en tout temps en plain jour (2). »

---

(1) *Le Magasin normand*, 4ᵉ année, p. 155.

(2) *La Muse normande* (édit. de la Soc. Rouennaise de Bibliophiles), introduction p. XXXIX.

L'excuse était plus adroite que sincère, car *la Muse*
de David Ferrand, loin de laisser arrêter son essor par
la froidure de l'hiver, en sut tirer tout un poème.

Nous devons à notre collègue, M. Héron, la connaissance de cette pièce curieuse, dont nous nous bornerons
à faire quelques extraits, en attendant que ce savant et
laborieux éditeur la donne tout entière au public.

La pièce est intitulée : *Les Eurelins de la Muse
Normande sur le long séjour de la Saison Hyver-
nale ;* voici comme elle débute :

> En ruminant dans ma caboche
> Ce qui causa les grands hyuers
> Et tous les changements diuers,
> Du long de ses quays ie m'aproche :
> Et en lorinant ie m'en vins
> Par le bas de sez'Augustins.
> J'entre par la porte Dorée,
> Où vn fleune à ce que j'entends
> N'endure iamais la gelée
> Pour les drogues qu'on met dedans (1).
>
> Ayant veu ce fleune qui passe,
> En sçachant bien la vérité.
> Mais lors ie fus bien effrité
> De voir la Seine toute en glace.
> J'y vayais vn chequ'vn marcher
> Comme sur vn ferme plancher,
> Hommes, femmes, garchons, fillettes
> Le long de l'isle, près Sainte Croix (2) ;
> Et mesme y passet des quarrettes
> Chargées d'assez pesant poix.

(1) Il s'agit évidemment ici de l'*Eau de Robec*, presque entièrement
livrée alors aux teinturiers.

(2) Voir notre notice sur le *Confiteor de l'Infidèle royageur éprouvé*
(Rouen, 1791, in-8°), pp. 38 et 39.

Ie pensais auoir la berlüe,
Demeurant lors tout estonné,
Et songeois si quenque damné
M'auoit enfasciné la veuë.

. . . .

Dessus cét élément instable
Suiel au mouuement des Cieux,
Vn chequ'vn y passet ioyeux
Ainsi qu'on fait dessus le sable.
Les débiteux de nos fagots.
Tire-lardons, porteux de rosts
Y trepignest comme à la dance.
D'autres y piquest leurs cheuaux :
Qui auoit plus de prénoyance
Des meneurs ou des animaux?

En ce temps le fol et le sage,
Prodigue ou avaricieux,
Prenoyent leur chemin en ces lieux
Pour ne payer point de passage,
Et, pour loger dedens Rouën
Le coche qui venoit de Caen
Y passa d'vne vaine audace.

. . . .

No z'y vendet ocune fois
Des Pommes, Paires et des Noix,
Comme en l'estal d'vne fritiere
Où du vent no z'est estoré;
Mais on n'y vendet pas de biere,
N'y estant le peuple alteré.

. . . .

Si la Seine estet tout aintelle
Durant les trois mois chaleureux,
Le Ptisique et le Graueleux
En suiurest ce mesme modelle.
Il ne faudroit point de Batiau
Pour aller dragler de cett' yau

Dont il font enfler leur bedaine,
Espérant quenque guerison (1),
Car y raccourrest su la Seine
Bien viuement à leur maison.

Et le poète continue jusqu'au deux cent-trentième vers. Nous nous dispenserons de le suivre jusque-là.

« 1662. — L'hiver fut très rigoureux : la Seine resta gelée pendant longtemps. Il fut suivi d'une grande disette et d'une affreuse misère dans les campagnes. Les pauvres s'attroupèrent par bandes pour aller demander l'aumône chez les laboureurs, avec menace de piller et de brûler. Il y avait néanmoins, dans le pays de Caux et dans le Roumois, beaucoup de grains, que leurs détenteurs ne voulaient pas vendre. On en fit apporter dans des navires (2). »

« L'an 1665, écrit Farin (3), la rivière, ayant gelé et dégelé par trois fois, grossit peu à peu au mois de mars et monta jusqu'à la rue des Charrettes, où cependant elle ne fut pas assez forte pour porter bateau.

En 1667, hiver très rigoureux ; la Seine resta prise pendant des mois entiers. Et cependant, ajoute M. Périaux (4), « cette année fut appelée l'année de la *bourdigade*, à cause de l'abondance des fruits, et des fêtes populaires qu'elle occasionna. »

En l'année 1669, par suite de la rigueur du froid, la

(1) Allusion aux eaux minérales de Saint-Paul ; c. *Le Confitcor*, etc., pp. 37-38.

(2) Périaux, op. cit., p. 482.

(3) *Hist. de la ville de Rouen* (édit. de 1738), 1re partie, p. 304.

(4) Op. cit., p. 486.

misère fut telle à Rouen qu'elle y causa presque une émeute, racontée en ces termes par feu M. Gosselin dans son intéressante étude sur *Le Bureau des Pauvres et l'Hospice général* (1) :

« Le nombre des pauvres était alors devenu si considérable, qu'un jour, le curé de Saint-Maclou, qui ne pouvait donner des certificats de pauvreté à tous ceux de ses paroissiens qui en demandaient, vit son presbytère envahi par environ cinq cents femmes et enfants, les maris et pères en tête, qui tous le menaçaient et le poursuivaient dans ses appartements avec de telles démonstrations que, pour y échapper, il leur abandonna sa maison et vint supplier le Parlement de lui prêter main forte ; mais sa fuite ayant été signalée, les pauvres le suivirent et arrivèrent en même temps que lui dans la cour du Palais. »

La moitié du pont de bateaux fut emportée par les glaces juste au moment de la clôture de la foire de la Chandeleur, c'est-à-dire le 16 février.

Dieppe fut, la même année, fort éprouvé par la peste, qui aurait emporté, d'après ses historiens, 7,917 personnes ; « mais dit le bon prêtre Asseline (2), grâce à la protection puissante de Notre-Dame de Liesse, le mal se modéra dans les deux premiers mois de l'année 1670, et, le 27 de février, il cessa entièrement (Dieu le voulut ainsi) de faire ses ravages, par l'effet d'une froidure excessive et d'une gelée, extraordinaire qui commencèrent deux jours avant la feste de Noël et conti-

(1) Cité par Périaux, *ibid.*, p. 489.
(2) *Antiq. et Chron. de la ville de Dieppe*, pp. 356-357.

nuèrent jusqu'à la moitié de janvier, et qui recommencèrent depuis le troisième de février jusqu'au 27 de ce
même mois. Mais ce fut avec tant d'aspreté que cette
froidure, non seulement surpassa celle du grand hyver,
dont on parle tant, mais aussi l'industrie et l'expérience
des plus habiles éventeurs de Rouen ; puisqu'elle puri-
fia le butin et les maisons des pestiférez et l'air cor-
rompu de la ville, incomparablement mieux qu'ils
n'avoient fait avec leurs feux et leurs parfums. »

En 1674, la froide saison (dont nos historiens locaux
n'ont pas signalé la rigueur) dut tout au moins se pro-
longer fort tard ; car, à la date du 18 mars, nous cons-
tatons, dans les *Registres des Délibérations du Chapitre de Rouen* (1), que les chanoines résolurent de
conserver au chœur leur costume d'hiver au-delà du
temps ordinaire, c'est-à-dire au-delà du samedi saint 24
mars ; le temps étant trop rigoureux pour que le costume d'été put suffire à les protéger durant les longs
offices de la période pascale.

En 1676, d'après M. l'abbé Decorde, la Seine fut
prise pendant trente-cinq jours (2). M. Périaux mentionne seulement la rigueur de l'hiver de l'année suivante, 1677 (3), pendant lequel le P. Bourdaloue commença à prêcher dans l'église cathédrale de Rouen un
Carême, qui dut s'ouvrir le 15 février, jour des Cendres.

Nouvel hiver très dur et suivi de cherté en 1679 (4).

(1) Biblioth. du Chapitre de Rouen ; ms.
(2) *Magasin normand*, loc. cit.
(3) Périaux, op. cit., p. 495.
(4) *Ibid.*, p. 496.

On a pu remarquer déjà que, dans le dix-septième siècle, ces brèves mentions de saisons hivernales sont plus fréquentes qu'auparavant. Tout en les recueillant dans l'ouvrage de M. Périaux, nous tenons à faire des réserves. Les notes de cet auteur, fournies en grande partie par son excellent parent et ami, Ed. Gosselin, proviennent, pour la plupart, des Archives du Parlement. Or l'intervention du Parlement dut évidemment se produire toutes les fois, non seulement que la température était exceptionnellement froide, mais aussi qu'un concours de circonstances indépendantes de cette température rendaient la froide saison moins supportable pour les pauvres. Une récolte mauvaise, une spéculation tendant à faire enchérir les denrées, un chômage un peu prolongé ayant épuisé à l'automne les ressources du prolétaire, les premiers froids un peu vifs le réduisaient à la misère et forçaient la magistrature à venir à son secours, pour empêcher que le bon ordre ne fût troublé par les nécessiteux.

On en peut dire autant des dégâts et des avaries occasionnées par le renflement de la Seine ou par le charriage des glaces; tout cela se reproduit toutes les fois que le froid est un peu vif.

Mais si nous ne sommes pas d'avis de ranger dans la série des hivers *exceptionnels* tous ceux que M. Périaux qualifie de *très rigoureux*, il n'en reste pas moins cette impression générale, que le dix-septième siècle doit compter parmi les plus froids dont l'histoire fasse mention ; et, quoi qu'on ait pu écrire du refroidissement général de l'Europe, constaté, assure-t-on,

depuis quelques années, le dix-neuvième siècle est loin
d'offrir une série d'hivers aussi longue et surtout aussi
désastreuse que celle que nous allons clore par le récit
de ce qui se passa en deux années beaucoup plus dures
que toutes celles qu'on vient de décrire.

« L'an 1684, raconte Farin (1), un vent du Nord
s'éleva sur le soir de la Fête de Saint-Jean-l'Évangé-
liste, le 27 décembre, et dura six semaines sans discontinuer. Un froid terrible régna pendant tout le mois de
janvier et celui de février, de manière que la mer glaça
plus d'une lieue loin du rivage. »

Un religieux de Fécamp, auquel M. l'abbé Cochet a
consacré une notice assez difficile aujourd'hui à rencontrer dans le commerce et qui mérite d'être comptée
parmi les œuvres les plus intéressantes de l'illustre
archéologue (2), Dom Guillaume Fillastre, dont cette
intéressante étude révèle à la fois la valeur et la profonde modestie, écrivit à Dom Mabillon, au mois d'avril
de cette année si dure, une lettre qui figure parmi les
Œuvres posthumes du célèbre historiographe de l'ordre
bénédictin.

Bien que M. l'abbé Cochet l'ait intégralement repro-
duite, et qu'après lui M. l'abbé Decorde en ait donné
de longs extraits dans le *Magasin normand* (3), nous
la croyons encore assez peu connue du public pour ne
pas hésiter à la transcrire ici :

(1) *Hist. de la ville de Rouen*, (édit. de 1738), 1re part., p. 523.
(2) *Notice sur la Vie et les Écrits de Dom Guillaume Fillastre*, bénédictin de Fécamp, par M. l'abbé Cochet ; N. Périaux, 1841 ; in-oct. de
31 pages.
(3) Année 1867, p.

DOM GUILLAUME FILLASTRE A DOM JEAN MABILLON

« Mon Révérend Pére,

« Vous me fites l'honneur de m'écrire au retour de votre voyage d'Allemagne et de m'en mander l'heureux succès. Je ne me donnai pas l'honneur de vous en remercier pour lors, parce que je vous avais écrit quelques jours même avant votre arrivée, pour vous en congratuler par avance. Cependant j'ai su depuis que ma lettre ne vous avait point été rendue. J'ai appris encore, il n'y a pas longtemps, par une lettre de Dom Joseph Bougier, que vous me conserviez toujours l'honneur de votre souvenir, et que vous vous portiez mieux que jamais. Je ne pouvais pas recevoir deux nouvelles plus agréables. La belle saison vous donne à présent le moyen d'employer la santé dont vous jouissez pour continuer vos ouvrages, et pour faire part au public des belles découvertes que vous avez faites dans votre voyage ; car je crois que la rigueur de l'hiver vous aura empêché d'y travailler, au moins s'il a été aussi rude à Paris comme ici, où non seulement l'encre gelait jusqu'au près du feu, mais où la marmite même glaçait presque d'un côté lorsqu'elle bouillonnait de l'autre. Sans raillerie, nous avons vu du bouillon qui en était tombé par hazard en le remuant, geler en un moment d'un côté tandis que de l'autre, il fumait encore. Je n'ai plus de peine à croire ce que les voyageurs rapportent de la mer Glaciale, ce que les poëtes semblent

7

dire avec exagération des pays les plus froids et les hivers les plus rigoureux. Nous avons vu tout cela dans celui-ci par expérience :

Vidimus ingentem glacie consistere pontum,
Nec vidisse sat est, durum calcavimus æquor.

« C'est une nouveauté dont nos vieux matelots n'avaient jamais entendu parler ; ainsi, on a eu le plaisir de marcher à pied sec sur la mer sans miracle.

Undaque non udo sub pede summa fuit.

« Ceux de Dieppe particulièrement ont pris le divertissement de cette promenade avec d'autant plus de sûreté, qu'on a reconnu après le dégel des glaçons de onze pieds d'épaisseur. De plus :

Vidimus in glacie pisces hærere ligatos ;

et nous avons été même contraints d'en manger. Nous avons vu un vaisseau qui voulait sortir à la faveur de la pleine mer et de la marée, être arrêté par les glaces à l'embouchure du port. Mais ce qui est encore plus étrange, c'est qu'on en a vu, avec compassion, de pris dans les glaces, à plus de deux lieues dans la mer.

Inclusæque gelu stabant ut marmore puppes,
Nec poterat gelidas scindere remus aquas.

« Les hommes qui étaient dedans ne se sont sauvés du danger que par une espèce de miracle.

« Voici l'histoire en deux mots : quelques matelots

de Saint-Valery-en-Caux, s'étant exposés à aller pê-
cher, furent enveloppés par la glace, à près de trois
lieues dans la mer, vis-à-vis du port de Veules, d'où
on les voyait témoigner par signes le danger où ils
étaient. Dans cette extrémité, ils se hasardèrent à rega-
gner la terre à pied, pardessus la glace ; ce qu'ils firent
heureusement, à la faveur de deux planches qu'ils met-
taient l'une après l'autre, à mesure qu'ils avançaient,
pour leur servir comme de pont par dessus les glaçons,
qui n'avaient pas partout une liaison égale.

Quid loquar, ut cuncti concrescant frigore rivi
Deque lacu fragiles effodiantur aquæ.

« En effet, on a été contraint, à la campagne, de
fendre la glace avec la coignée, et de la faire fondre
sur le feu pour avoir de l'eau. Mais ce qui vous surpren-
dra davantage, c'est qu'on a vu des gens aller quérir de
l'eau douce à la mer, et la porter par morceaux dans
des sacs ; car la plupart de ces glaçons n'étaient point
salés, comme plusieurs l'ont remarqué.

« Enfin, on m'a dit avoir vu à Rouen et au Havre du
vin et du cidre rompre les tonneaux, et en garder encore
la figure, en glace, avec une dureté qui ne pouvait être
brisée que par la coignée. C'est justement ce que Virgile
et Ovide nous ont donné comme les marques de l'hiver
le plus rigoureux.

..... Cæduntque securibus humida vina.

Nudaque consistunt formam servantia testa
Vina, nec hausta meri sed data frusta bibunt.

« En voilà assez pour vous faire voir que les poètes même n'ont pu peindre un plus cruel hiver que celui que nous avons vu en effet.

« Mais je ne fais pas attention que j'abuse de votre temps à vous dire des bagatelles...

« A Fécamp, le 12 avril 1684. »

On trouverait assurément dans les gazettes contemporaines la trace de ce grand hiver, et nous regrettons que le temps nous ait manqué pour l'y chercher. Mais quels détails pourraient-elles nous fournir qui soient plus caractéristiques que les divers épisodes mentionnés par Dom Guillaume Fillastre ?

C'en est assez pour que l'hiver de 1684 mérite d'être classé parmi les plus fameux. Il semble cependant que celui de 1708-1709 ait été plus glacial encore. C'est par sa description sommaire que nous couronnerons cette étude.

« Au mois de décembre 1708, notait M. Briant de Vaston, alors curé de Bléville, près le Havre (1), commença *le grand hiver*, qui dura plus de trois mois. »

C'est aussi la date indiquée dans le *Journal d'un bourgeois de Rouen*, publié en 1882 dans le *Bulletin de la Société de l'Histoire de Normandie* (2), où nous lisons que l'hiver commença le 3 du mois de décembre 1708, par une gelée médiocre.

Mais tous les auteurs s'accordent pour fixer au 6 janvier, ou plutôt à la nuit du 5 au 6 janvier 1709, une

(1) Cité par M. L. Braquehais, *Histoire de Bléville*, p. 85.
(2) Année 1882-1883, p. 279.

recrudescence subite du froid, le plus intense que l'on
eut encore connu.

Écoutons d'abord Farin, ou plutôt le chartreux Dom
Ignace, son continuateur (1) :

« L'an 1709, la veille des Rois, entre huit et neuf
heures du soir, le vent, qui estoit au midi et à la pluye,
changea tout d'un coup au nord, et, en moins d'une
heure, les ruisseaux qui couloient dans les rues se trouvèrent gelez. Le froid redoublant toute la nuit et allant
tous les jours en augmentant, réduisit bientôt toute la
nature à une triste situation. Les fontaines, rivières, la
mer même, et généralement tous les corps liquides, à
moins qu'ils ne fussent dans une cave très profonde, se
congelèrent ; les prêtres même, à l'autel, étoient obli-
gez de faire mettre un réchaut plein de feu à côté du
calice, qui, malgré ces précautions, ne laissoit pas encore de geler ; le pain et l'eau geloient auprès d'un grand
feu ; les vignes, les arbres fruitiers et presque tous les
oliviers de Provence périrent. Ceux qu'on eut réchap-
pez, étant endommagez dans le cœur, moururent les
années suivantes. On vit, dans le jardin royal des Tuile-
ries, de gros maronniers d'Inde se fendre depuis la racine
jusqu'en haut du tronc. Un grand nombre d'animaux
périrent de froid. Nul endroit, ni le meilleur feu n'étoit
point capable d'en garantir les hommes. On étoit obligé
d'abandonner les maisons pour aller se loger avec les
bêtes dans leurs étables, dont on avoit grand soin de
boucher les fenêtres et les portes avec du fumier. En un

_____

(1) *Hist. de la ville de Rouen* (éd. de 1738). 1re partie, pp. 524-525.

mot, la rigueur du froid fut si grande que personne dans ce tems-là, même les plus âgez, ne se souvenoit d'avoir jamais vu un pareil hyver, ni d'avoir *entendu parler d'aucun dans lequel on eut remarqué des effets aussi étonnants que celui-là.* »

Nous connaissons déjà cette formule, contre laquelle nous avons dit qu'il y avait à se tenir en garde. Et certes, après le récit de Dom Guillaume Fillastre, il y a lieu de s'étonner de la retrouver ici ; car toute une génération présente en 1709 avait pu voir les rigueurs de 1684.

La première de ces années a cependant tracé un sillon si profond dans la mémoire des hommes ; un si grand nombre d'écrivains en ont raconté les détails avec des traits si accentués, que nous n'oserions contredire l'assertion de Dom Ignace, tentés que nous sommes d'inscrire l'hiver de 1709 parmi les deux ou trois hivers les plus durs qu'aient enregistrés les annales de l'humanité.

M. Périaux (1) nous dit qu'à Rouen le thermomètre descendit jusqu'à *quinze degrés*. Il dut certainement descendre beaucoup plus bas, si l'on en juge par les hivers suivants, où les observations se firent sans doute plus soigneusement. A Rouen le thermomètre descendit : en 1776, à 16° 1/2; en 1768, à 18° 3/4; en 1859 à 20° 1/10 ; le 28 novembre dernier (1890), il marquait à Rouen 15°, et 21, assurait-on, sur le plateau qui domine Darnétal. On n'a pas vu cependant se produire, du moins au même degré, les incidents signalés tout à l'heure ou qu'il nous reste à signaler.

(1) Op. cit., p. 518.

Si, en 1709, le thermomètre à Rouen n'avait marqué que 15°, c'est que la ville aurait été tout à fait privilégiée, puisque ailleurs « le thermomètre descendit à un degré correspondant à 23 au-dessous de zéro de celui auquel Réaumur donna plus tard son nom, c'est-à-dire beaucoup plus bas qu'en Sibérie dans les hivers ordinaires, où le froid n'est que de 15 à 16 dégrés Réaumur (1) ».

Le *Bourgeois de Rouen* précité assure que la grande gelée dura jusqu'au 25 janvier. « Il survint alors un peu d'adoucissement qui fut suivi d'une prodigieuse quantité de neige qui tomba par toute l'Europe. Le 6 de février, un vent du midi survint, les derniers jours du Carnaval, qui fit fondre une partie des neiges ; mais, le 19 du même mois, le froid recommença avec la même force que le 6 janvier, et continua jusqu'au 6 de mars. On crut que c'était la fin, mais, le 10 et le 11, il tomba une grande abondance de neige suivie d'une gelée qui dura plusieurs jours, et on peut dire que ce fut le cinquième hyver. Je ne prétends pas, conclut notre naïf annaliste, rapporter tous les désordres que la gelée a causés, je n'en finirois jamais. On peut s'attendre que cet hiver sera long à réparer la misère qu'il a causée (2). »

A Dieppe, l'abbé Guibert, l'un des correspondants de l'Académie de Rouen, parle « d'une grande pluye, qui continua pendant vingt-quatre heures et fut subite-

---

(1) De la Sicotière, *Magasin pittoresque*, tom. XXIV, p. 51.

(2) *Bulletin de la Soc. de l'Hist. de Normandie*, année 1882-1883, pp. 279-280.

ment suivie par une gelée violente qui dura plus de deux mois. La nuit du 3 au 4 février, la neige tomba en si grande abondance que les chemins devinrent impraticables à cause des fonds et cavées qui se trouvèrent emplis jusqu'au niveau des terres voisines, en sorte qu'on ne pouvoit rien distinguer. La ville en étoit pleine jusqu'à la hauteur des premières chambres. Le premier travail des habitants fut de pratiquer un passage à chaque côté de rue en rejettant et accumulant les neiges dans le milieu, ensuite de faciliter le passage des portes de la ville, et d'aller ouvrir les grands chemins et avenues jusqu'à la pleine campagne. Le mardy gras, qui étoit le 12 février, la gelée fut si forte qu'on pouvoit traverser le port sur la glace à la mer basse. Cette gelée poursuit-il, fit périr tous les fruits et grains, et beaucoup d'arbres, et fut la cause que le prix du blé monta jusques à 8 ou 9 livres le boisseau. Les échevins [dieppois], autorisez par un arrest du Conseil du 25 may de cette année, promirent et arrêtèrent une récompense de 80 livres pour muid de blé à ceux qui en apporteroient de pays étranger, à condition qu'il n'en seroit enlevé de la ville qu'après qu'elle en aurait été suffisamment approvisionnée, et en remettant de la dite récompense à proportion qu'il en seroit enlevé. On fit une cotisation des aisez en faveur des pauvres, à qui on donnoit des aumônes pécuniaires. On fit beaucoup de pain d'orge seul, d'autres le mesloient avec du bled (1). »

Le recours à l'importation était d'autant plus néces-

(1) *Mémoires pour servir à l'Histoire de Dieppe*, tom. I, pp. 103-104.

saire que les campagnes ne pouvaient guère venir au secours des villes, ayant souffert encore plus qu'elles de la mauvaise saison.

« Le froid fut si rigoureux, notait le curé de Bléville, et la famine si grande pour les animaux sauvages et les oiseaux, qu'ils moururent et périrent presque tous. A peine l'espèce de chacun se conserva-t-elle ; il ne resta pas une perdrix dans nos cantons.

« La moitié des pommiers et poiriers moururent ; les noyers et les mûriers furent entièrement détruits, à la réserve de quelques jeunes plants cachés dans plusieurs coins ; les blés, fromens, petit blé et seigle périrent entièrement ; on fut obligé de les relabourer tous au printemps pour les resemer.

« Dans ce temps, continue-t-il, commença la grande cherté des vivres, et au commencement du mois de may 1709, l'orge valoit icy [c.-à-d. à Bléville] trois livres le boisseau ; sur la fin du mois, elle vint à six livres, plus cher que le froment ; les orges furent tous consommés ; la cherté des vivres augmenta toujours de plus en plus, de sorte que, pendant le mois d'août 1709, le froment le plus commun valoit 11 livres et le beau 14 livres, l'orge 8 livres, le seigle 9 livres.

« Cette grande cherté diminua un peu vers la Toussaint ; alors le froment ne valoit plus que 8, 9 et 10 livres, et continua sur ce prix jusqu'à la fin d'août 1710. Ainsi la cherté dura 18 mois. Après celle-ci vint la cherté de la boisson ; le cidre a vallu jusqu'à 18 sols le pot, et le tonneau 200 livres dans ce pays ; en un mot le cidre devint aussi cher que le vin, qui était aussi fort cher, vallant ici jusqu'à 35 sols le pot, les vignes étant mortes par le grand hiver ; on fit partout brasser des bières pour suppléer aux cidres. L'an 1710 et 1711, les pommes vallaient 35 à 40 sols le boisseau (1). »

M. L. Braquehais, éditeur de ce curieux passage, donne en note quelques prix qui peuvent servir de points de comparaison : « A Noël 1701, dit-il, le pot de cidre revenait à 7 deniers 1/2, ce qui met le tonneau à moins de 9 livres 8 sous, d'où l'on voit que, par suite de la disette, le prix du cidre était presque 29 fois celui qu'il avait été 9 ans plus tôt. Il est vrai qu'en 1700, le pot acheté en gros coûtait 15 deniers (un sou et un liard). Ce qui était encore plus de quatorze fois moins cher qu'en 1709 (2). »

« Pendant ces années malheureuses, on fit des questes à l'Église tous les dimanches pour subvenir aux besoins des pauvres de Bléville (3). »

Si nous passons en Basse-Normandie, nous y pourrons citer quelques pages recueillies par M. de la Sicotière, aujourd'hui sénateur de l'Orne, et publiées par ses soins, en 1886, dans le *Magasin pittoresque* (4).

C'est d'abord un extrait du journal d'un curé de Feings, aux environs de Mortagne, qui écrivait, sous la date du 10 août 1710 :

« Le lundi 7 janvier [1709], commença une gelée qui fut, ce jour, la plus rude journée et la plus difficile à

---

(1) L. Braquehais, *Hist. de Bléville*, pp. 85-86.
(2) *Ibid.*, note de la page 86.
(3) *Ibid.*
(4) Tome XXIV, pp. 50-51.

souffrir. Elle dura jusqu'au 3 ou 4 février. Pendant ce temps-là, il vint de la neige d'environ demi-pied de haut ; cette neige était fort fine, elle se fondait difficilement. Quelques jours après qu'elle fut tombée, il fit un vent fort froid, entre bise et galerne [vent du nord-ouest], qui la ramassa dans les lieux bas ; il découvrit les blés, qui gelèrent presque tous. Les arbres gelèrent aussi. Il n'y eut point d'espèces d'arbres dont il n'y eut beaucoup de gelés ; les chênes mêmes, qui semblent être des plus durs, furent gelés en grand nombre, particulièrement ceux qui avaient été ébranchés depuis peu, qui moururent presque tous par ce canton. Beaucoup de pommiers parurent n'être pas morts ; ils poussèrent des feuilles et des fleurs, et moururent ensuite ; d'autres portèrent des pommes en 1709, et sont morts en 1710. On remarqua en fendant le tronc des arbres gelés qu'il s'en exhalait une odeur insupportable. »

« A la fin du mois de février, il se fit encore de grandes gelées, mais le mal était déjà fait, les blés étaient entièrement gelés. Au printemps on sema tant d'orge et on en récolta tant que, de 8 livres qu'on avait vendu le boisseau [4 décalitres], il est descendu à 50 sous et un écu le boisseau [1er mai 1710]..... Les arbres fruitiers sont si infructueux cette année, ajoute le bon curé, que je ne crois pas qu'on puisse faire de tous les fruits qu'on cueillera dans cette paroisse une pipe de cidre. A Alençon, dans les auberges, le cidre se vendit jusqu'à 14 sous le pot. »

Partout dans le pays la mortalité fut extrême ; à Feings, où il était mort 15 personnes en 1708 et 5 en

1711, on compta 27 décès en 1709, 56 en 1710. A Séez, pendant plusieurs mois, on enterra jusqu'à douze et quinze personnes par jour, tant le scorbut et le charbon faisaient de victimes. Douze membres du Chapitre et l'évêque, Louis d'Aquin, âgé seulement de quarante-cinq ans, moururent dans le cours de l'année.

Mais quelle que fut la terreur causée par la maladie, la misère était telle que l'on dut prendre des mesures pour empêcher des émeutes et protéger les convois de grains que l'on faisait venir du Mont-Saint-Michel à Alençon. Pour empêcher les accaparements et les troubles auquels ils servaient de prétexte, un arrêt du Conseil du Roi, du mois d'avril 1709, enjoignit à toutes personnes, « sans distinction de rang de naissance et de profession, sans exception même en faveur des communautés, de déclarer leurs approvisionnements de grains, farines et légumes, sous peine de galères et même de mort (1). »

Il en était de même à Rouen, où la mine de blé s'était vendue jusqu'au prix exorbitant de trente-deux livres, et où la livre de pain coûta jusqu'à trois sous et six deniers. Bien des gens moururent de misère : « Le prix excessif des subsistances et la décadence des manufactures occasionnèrent des mouvements populaires dans la ville, et des attroupements de vagabonds dans les campagnes. » De là des émeutes populaires, dont M. de Courson, intendant de la province, faillit être victime.

L'énergie des mesure prises pour faire cesser la fa-

(1) *Ibid.*

mine et dompter les séditieux finit par amener la paix.
On soulagea d'ailleurs les pauvres en provoquant des
quêtes publiques, des dons volontaires, en établissant
des taxes de police et en créant des chantiers de travail.
C'est alors que l'on fit sauter par la mine une partie de la
pointe du mont Sainte-Catherine, pour se procurer les
matériaux nécessaires à la construction du chemin neuf
de Paris (1).

La fonte des immenses couches de neige éparses sur
tout le sol devait nécessairement amener des inondations. Elles durèrent plus d'un mois. La Seine, sortie de
son lit, s'éleva à la porte du Bac jusqu'à quatre pieds
de hauteur ; le pont de bateaux fut brisé et en partie
submergé, quelques-unes de ses parties étant trop fortement reliées pour avoir pu se détacher à temps (2).

Toute la France souffrit cette année-là des mêmes
rigueurs de l'hiver et des maux qui s'ensuivirent. Le
Comité des Travaux Historiques a publié à ce sujet,
en 1884 (3), un curieux récit de Bernard de Chatenay,
lieutenant particulier au bailliage de Mâcon, qui prouve
que les dégâts ne furent pas moindres en cette région que
sur les côtes de la mer. La désolation des jardins enga-
gea les échevins et le maire de Mâcon à demander à

---

(1) Périaux, *Histoire de la Ville de Rouen*, p. 519.

(2) Périaux, *ibid.*, p. 519.

(3) *Bulletin du Comité* (section d'Histoire et de Philologie), pp. 148,
163-175. Sur la famine dans le diocèse de Pons, voyez *Revue des Socié-
tés savantes*, 6ᵉ série, t. II, pp. 284, 390-396 ; et pour le Comtat-
Venaissin, *ibid.*, pp. 284, 398-408. Il est fait allusion aux famines de
1693-1694 dans la même *Revue*, *ibid.*, pp. 405 et 507.

l'évèque une permission générale de faire gras pendant le carême plusieurs jours de la semaine, permission qui fut accordée, comme elle l'avait été à Lyon et pour les mêmes motifs.

Notre intention était de clore ce travail avec le dix-septième siècle. L'importance exceptionnelle de l'hiver de 1709 nous a fait franchir cette limite, mais ici, nous nous arrêtons.

En poursuivant plus loin cette étude rapide nous sortirions du terrain de l'Histoire pour entrer audacieusement dans le domaine scientifique. Ce serait tout à la fois imprudent et superflu.

A l'heure où nous nous arrêtons, l'Observatoire de Paris fonctionne régulièrement déjà depuis plus d'un quart de siècle ; d'autre part, la publicité commence à être très large : les *Mercures* et les *Gazettes* inscrivent exactement les faits météorologiques à côté des autres faits. Le temps des chroniques est fini : le journalisme commence. Honneur à l'homme patient qui, sans se laisser effrayer par le chaos de ces feuilles légères, en osera tenter la synthèse; il fera preuve d'un courage que nous ne lui envierons pas.

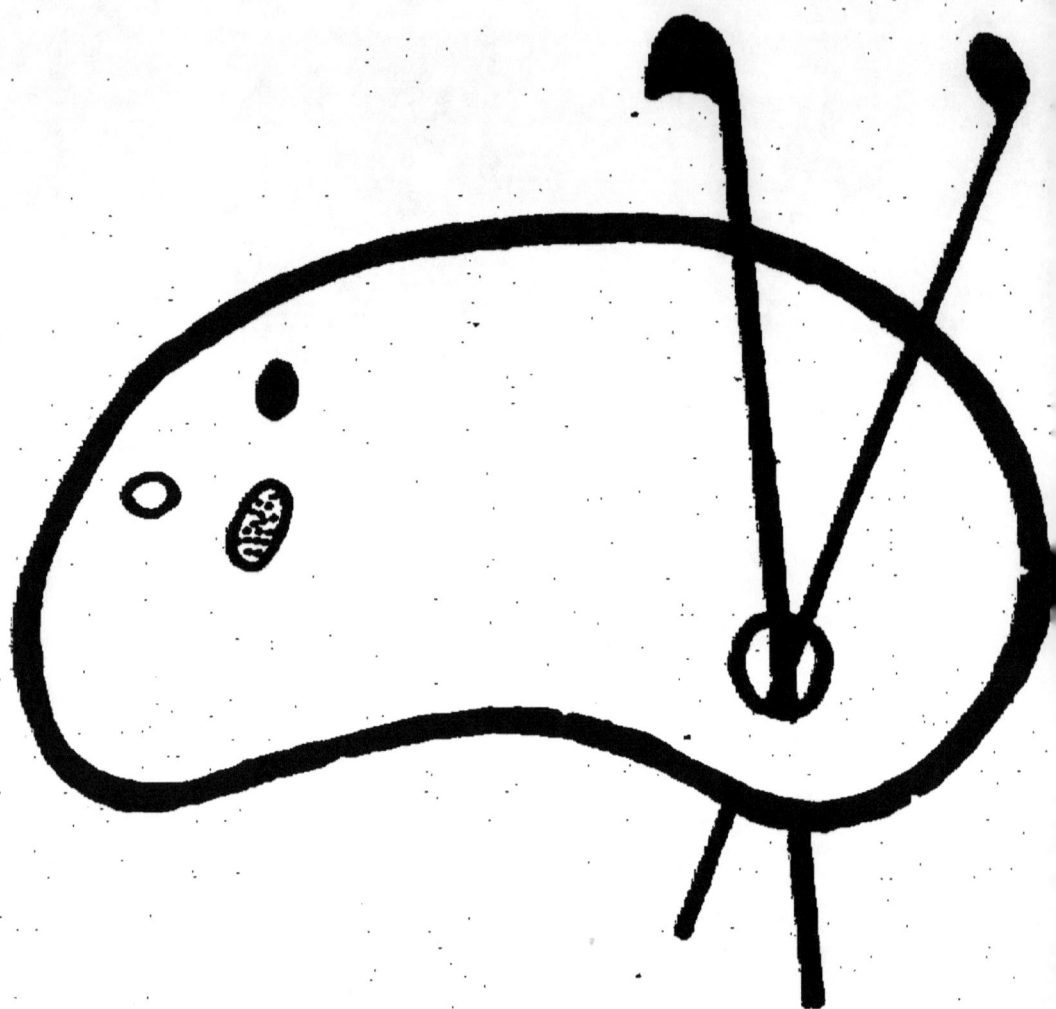

www.ingramcontent.com/pod-product-compliance
Lightning Source LLC
Chambersburg PA
CBHW052120090426
42741CB00009B/1891